海上絲綢之路基本文獻叢書

西域南海史地考證譯叢

馮承鈞 編譯

文物出版社

圖書在版編目（CIP）數據

西域南海史地考證譯叢 / 馮承鈞編譯. -- 北京 : 文物出版社, 2022.7
（海上絲綢之路基本文獻叢書）
ISBN 978-7-5010-7637-6

Ⅰ. ①西… Ⅱ. ①馮… Ⅲ. ①西域－歷史地理－研究 Ⅳ. ①K928.62

中國版本圖書館 CIP 數據核字 (2022) 第 097825 號

海上絲綢之路基本文獻叢書

西域南海史地考證譯叢

譯　　者：馮承鈞
策　　劃：盛世博閱（北京）文化有限責任公司

封面設計：鞏榮彪
責任編輯：劉永海
責任印製：張　麗

出版發行：文物出版社
社　　址：北京市東城區東直門内北小街 2 號樓
郵　　編：100007
網　　址：http://www.wenwu.com
經　　銷：新華書店
印　　刷：北京旺都印務有限公司
開　　本：787mm×1092mm　1/16
印　　張：13
版　　次：2022 年 7 月第 1 版
印　　次：2022 年 7 月第 1 次印刷
書　　號：ISBN 978-7-5010-7637-6
定　　價：94.00 圓

總緒

海上絲綢之路，一般意義上是指從秦漢至鴉片戰争前中國與世界進行政治、經濟、文化交流的海上通道，主要分爲經由黄海、東海的海路最終抵達日本列島及朝鮮半島的東海航綫和以徐聞、合浦、廣州、泉州爲起點通往東南亞及印度洋地區的南海航綫。

在中國古代文獻中，最早、最詳細記載『海上絲綢之路』航綫的是東漢班固的《漢書・地理志》，詳細記載了西漢黄門譯長率領應募者入海『齎黄金雜繒而往』之事，書中所出現的地理記載與東南亞地區相關，并與實際的地理狀况基本相符。

東漢後，中國進入魏晉南北朝長達三百多年的分裂割據時期，絲路上的交往也走向低谷。這一時期的絲路交往，以法顯的西行最爲著名。法顯作爲從陸路西行到印度，再由海路回國的第一人，根據親身經歷所寫的《佛國記》（又稱《法顯傳》）一書，詳細介紹了古代中亞和印度、巴基斯坦、斯里蘭卡等地的歷史及風土人情，是瞭解和研究海陸絲綢之路的珍貴歷史資料。

隨着隋唐的統一，中國經濟重心的南移，中國與西方交通以海路爲主，海上絲綢之路進入大發展時期。廣州成爲唐朝最大的海外貿易中心，朝廷設立市舶司，專門管理海外貿易。唐代著名的地理學家賈耽（七三〇～八〇五年）的《皇華四達記》記載了從廣州通往阿拉伯地區的海上交通『廣州通夷道』，詳述了從廣州港出發，經越南、馬來半島、蘇門答臘半島至印度、錫蘭，直至波斯灣沿岸各國的航綫及沿途地區的方位、名稱、島礁、山川、民俗等。譯經大師義净西行求法，將沿途見聞寫成著作《大唐西域求法高僧傳》，詳細記載了海上絲綢之路的發展變化，是我們瞭解絲綢之路不可多得的第一手資料。

宋代的造船技術和航海技術顯著提高，指南針廣泛應用於航海，中國商船的遠航能力大大提升。北宋徐兢的《宣和奉使高麗圖經》詳細記述了船舶製造、海洋地理和往來航綫，是研究宋代海外交通史、中朝友好關係史、中朝經濟文化交流史的重要文獻。南宋趙汝適《諸蕃志》記載，南海有五十三個國家和地區與南宋通商貿易，形成了通往日本、高麗、東南亞、印度、波斯、阿拉伯等地的『海上絲綢之路』。宋代爲了加强商貿往來，於北宋神宗元豐三年（一〇八〇年）頒佈了中國歷史上第一部海洋貿易管理條例《廣州市舶條法》，并稱爲宋代貿易管理的制度範本。

元朝在經濟上採用重商主義政策，鼓勵海外貿易，中國與歐洲的聯繫與交往非常頻繁，其中馬可·波羅、伊本·白圖泰等歐洲旅行家來到中國，留下了大量的旅行記，記録元代海上絲綢之路的盛况。元代的汪大淵兩次出海，撰寫出《島夷志略》一書，記録了二百多個國名和地名，其中不少首次見於中國著録，涉及的地理範圍東至菲律賓群島，西至非洲。這些都反映了元朝時中西經濟文化交流的豐富内容。

明、清政府先後多次實施海禁政策，海上絲綢之路的貿易逐漸衰落。但是從明永樂三年至明宣德八年的二十八年裏，鄭和率船隊七下西洋，先後到達的國家多達三十多個，在進行經貿交流的同時，也極大地促進了中外文化的交流，這些都詳見於《西洋蕃國志》《星槎勝覽》《瀛涯勝覽》等典籍中。

關於海上絲綢之路的文獻記述，除上述官員、學者、求法或傳教高僧以及旅行者的著作外，自《漢書》之後，歷代正史大都列有《地理志》《四夷傳》《西域傳》《外國傳》《蠻夷傳》《屬國傳》等篇章，加上唐宋以來衆多的典制類文獻、地方史志文獻，集中反映了歷代王朝對於周邊部族、政權以及西方世界的認識，都是關於海上絲綢之路的原始史料性文獻。

海上絲綢之路概念的形成，經歷了一個演變的過程。十九世紀七十年代德國地理學家費迪南・馮・李希霍芬（Ferdinad Von Richthofen，一八三三～一九〇五），在其《中國：親身旅行和研究成果》第三卷中首次把輸出中國絲綢的東西陸路稱爲『絲綢之路』。有『歐洲漢學泰斗』之稱的法國漢學家沙畹（Édouard Chavannes，一八六五～一九一八），在其一九〇三年著作的《西突厥史料》中提出『絲路有海陸兩道』，蘊涵了海上絲綢之路最初提法。迄今發現最早正式提出『海上絲綢之路』一詞的是日本考古學家三杉隆敏，他在一九六七年出版《中國瓷器之旅：探索海上的絲綢之路》中首次使用『海上絲綢之路』一詞；一九七九年三杉隆敏又出版了《海上絲綢之路》一書，其立意和出發點局限在東西方之間的陶瓷貿易與交流史。

二十世紀八十年代以來，在海外交通史研究中，『海上絲綢之路』一詞逐漸成爲中外學術界廣泛接受的概念。根據姚楠等人研究，饒宗頤先生是華人中最早提出『海上絲綢之路』的人，他的《海道之絲路與昆侖舶》正式提出『海上絲路』的稱謂。選堂先生評價海上絲綢之路是外交、貿易和文化交流作用的通道。此後，大陸學者馮蔚然在一九七八年編寫的《航運史話》中，使用『海上絲綢之路』一詞，這是迄今學界查到的中國大陸最早使用『海上絲綢之路』的人，更多地限於航海活動領域的考察。一九八〇年北京大學陳炎教授提出『海上絲綢之路』研究，并於一九八一年發表《略論海上絲綢之路》一文。他對海上絲綢之路的理解超越以往，且帶有濃厚的愛國主義思想。陳炎教授之後，從事研究海上絲綢之路的學者越來越多，尤其沿海港口城市向聯合國申請海上絲綢之路非物質文化遺産活動，將海上絲綢之路研究推向新高潮。另外，國家把建設『絲綢之路經濟帶』和『二十一世紀海上絲綢之路』作爲對外發展方針，將這一學術課題提升爲國家願景的高度，使海上絲綢之路形成超越學術進入政經層面的熱潮。

與海上絲綢之路學的萬千氣象相對應，海上絲綢之路文獻的整理工作仍顯滯後，遠遠跟不上突飛猛進的研究進展。二〇一八年厦門大學、中山大學等單位聯合發起『海上絲綢之路文獻集成』專案，尚在醖釀當中。我們不揣淺陋，深入調查，廣泛搜集，將有關海上絲綢之路的原始史料文獻和研究文獻，分爲風俗物産、雜史筆記、海防海事、典章檔案等六個類別，彙編成《海上絲綢之路歷史文化叢書》，於二〇二〇年影印出版。此輯面市以來，深受各大圖書館及相關研究者好評。爲讓更多的讀者親近古籍文獻，我們遴選出前編中的菁華，彙編成《海上絲綢之路基本文獻叢書》，以單行本影印出版，以饗讀者，以期爲讀者展現出一幅幅中外經濟文化交流的精美畫卷，爲海上絲綢之路的研究提供歷史借鑒，爲『二十一世紀海上絲綢之路』倡議構想的實踐做好歷史的詮釋和注脚，從而達到『以史爲鑒』『古爲今用』的目的。

凡例

一、本編注重史料的珍稀性，從《海上絲綢之路歷史文化叢書》中遴選出菁華，擬出版百册單行本。

二、本編所選之文獻，其編纂的年代下限至一九四九年。

三、本編排序無嚴格定式，所選之文獻篇幅以二百餘頁爲宜，以便讀者閱讀使用。

四、本編所選文獻，每種前皆注明版本、著者。

五、本編文獻皆爲影印，原始文本掃描之後經過修復處理，仍存原式，少數文獻由於原始底本欠佳，略有模糊之處，不影響閲讀使用。

六、本編原始底本非一時一地之出版物，原書裝幀、開本多有不同，本書彙編之後，統一爲十六開右翻本。

目録

西域南海史地考證譯叢

西域南海史地考證譯叢

馮承鈞 編譯

民國商務印書館排印本

馮承鈞譯

西域南海史地考證譯叢

商務印書館發行

西域南海史地考證譯叢

馮承鈞譯

中華教育文化基金董事會編譯委員會編輯
商務印書館發行

敘

我從前介紹法國漢學家的著作、要以長篇研究居多、可是未經長篇研究「綜合」的短篇考證、尙有不少、就嚴格說、諸漢學家考證的精粹即在這些碎金片玉裏面、我雖然輯了三編「史地叢考、」採集了十幾種短篇考證、可是還有遺漏、我現在搜集的這篇「西域南海史地考證譯叢、」內容與史地叢考大致一樣、可是詳略不等、從前對於原文的附註、多從省略、本編則盡量翻譯、本編所採之研究、出於通報者八篇、出於亞洲報者一編、出於「梵衍那之佛教古跡」者一篇、出於河內遠東法國學校二十五年紀念刊「亞洲研究」者二篇、都爲十二篇、其中有十篇是伯希和的研究、有一篇是斯坦因的研究、有一篇是馬司帛洛的研究、嗣後更有所得、當輯續編。

民國二十一年九月二十五日　　馮承鈞識

目錄

西域南海史地考證譯叢

庫車阿克蘇烏什之古名

一九二三年通報一二五至一三二頁　伯希和 P. Pelliot 撰

勒苛克 Le Coq 在和色爾 Qyzyl 同碩爾楚克 Šorčuq 兩地所得的許多整葉或殘葉古籍、曾經呂岱司 Lüders 在其中發現了幾段關係庫車 Kučā 地方史地的文字。註一

註一　參考一九二二年刊普魯士科學研究院紀錄二四三至二六一頁、呂岱司撰東土耳其斯坦史地考證一文。

其中庫車的梵名 Kučī、凡數見、這箇名字可以使人想到玄奘的屈支 Kuči、這不過是梵名而已、不能說他沒有略微不同而未梵化的土名、這箇地方我們已經知道

漢朝以來的漢名寫作龜茲、後來又有丘茲、丘慈、屈茨、幾種寫法、這些漢名、大致可當一種 Kuci, Küci(c=ts) 土名的寫法、而不能作 Kuči 的對音、註二 呂岱司會說現代庫車名稱的起源尚不明瞭、可是知道他在十七世紀初年已經有了、因爲 Benoit de Goes 業已將他寫作 Cucia、其實在一三三〇年前後、經世大典已經將他寫作音同而字異的苦叉、但這不是蒙古語的譯名、我們不知道爲甚麼緣故、蒙古人將他寫作 Küsän、這就是元朝祕史的庫車名稱、而經中國人轉譯作苦先曲先等等名稱的、其不可解、與將和闐 Khotan 寫作斡端 Odon 的緣故一樣、這箇蒙古語曲先的名稱在 Tarikhi-Rašīdi 撰述裏面是常見的、或者也是西藏大藏丹珠爾 Tanjur 裏面一種經文中的 Khu sen、註三 我在此處不過言其大概、至若詳細說明、則須等待將來。

註二　龜字常讀若歸、而在此處讀若鳩、好像是想把這箇字譯寫中國沒有對音的土語韻母、其韻母或者是 ü、由是可以推測其原名是 Kuči、但是偶也有歸茲的特別寫法、我們要知道這箇 -ü- 韻母在婆羅門字 Brahmī 裏面、則作 -yu- 音的待遇、在迴紇字 Ouigour 裏面、則作 -üi- 音的待遇、復次慈字同茨字是用強音聲母發聲的、好像是他的對音是 Küji(j=dz) 這一種用強音字的寫法、又可推想到四世紀末年的拘夷寫法、這箇拘夷的對音、好像是 Küji （這箇拘夷也曾用作拘尸那揭羅 Kuśinagara 的譯名、這是世人已經知道的。）

註三　可參照 P. Cordier 西藏經錄三卷四三三頁。

呂岱司研究的殘片中有兩箇龜茲王、一箇名稱 Vasuyaśas、一箇名稱 Artep、皆不知爲何時人、此外呂岱司又證明烈維 S. Lévi 所考釋的 Swarnate (Suvarna-deva) 名稱不全、應作 Swarnatep、我從前根據中國載籍中的蘇伐疊譯名、已曾假定如此、現在將呂岱司的考釋互證起來、可見得是不錯的。

從前的龜茲、是塔里木河北邊的一箇最強的國家、然而當時在河以北的、尙不止一國、龜茲西邊較爲重要的第一國、漢代載籍名稱姑墨、玄奘記傳則名跋祿迦、從前哇特司 Watters 以爲西域記中的焉耆（今哈喇沙爾）名稱阿耆尼、好像是梵文 agni 的對音、此言火、而突厥語卽名火曰 yaàghi 遂以爲是焉耆一名之所本、他又以爲跋祿迦就是梵文的 Bālukā (應該作 Vālukā)、此言沙、而突厥語 qum 亦言沙、遂又以爲是姑墨一名之所本、這種考訂在音聲上好像是對的、所以我從前也曾採用、因爲在從前大家相信土耳其斯坦北部在任何時代皆是突厥區域的時候、這種說明好像是極自然的、可是自從發現了紀元初一千年間土耳其斯坦全部有若干印度歐羅巴系語言存在以後、這件問題就變成複雜的問題了、而且姑墨的古讀應作閉口喉音、其對音好像是 qumaq 或 qumagh、而不是 qum、質言之、祗有蒙古語的寫法可以對照、而不是突厥語的寫法可以對照的、呂岱司在他的殘片裏面發現了一箇 Bharuka 國名、以爲就是跋祿迦國、註四 設若他的考訂不錯、倒可省却許多難題、但是我恐怕這箇問題將來有一天還要發生。

註四　Bharuka 國名、在大孔雀經裏面同婆盧羯車 Bharukaccha 並列、烈維在他的大孔雀經夜叉名錄裏面沒有特別說明、而 Böhtlingk 的字典祗有一王名 Bharuka。

這箇地名在那連提耶舍 Narendrayaśas 譯的月藏經中作婆樓迦、此外或者還有一箇別譯、慧琳一切經音義（東京大藏爲字套十册四六頁）說跋祿迦國出「末祿氈」玄奘西域記同新唐書西域傳也說跋祿迦國出細氈細氎、這箇末祿可

以說是跋祿迦的別譯。註五

註五　新唐書西域傳說跋祿迦小國也、又大食傳說東有末祿小國也、這兩箇末祿絕對不同、可是保不住新唐書沒有參錯。

上面所說的是梵化的國名、然而也有本地的土名、這就是漢代的姑墨、唐代的撥換、姑墨這箇名稱、在唐書地理志西域十二州名裏面作和墨、然在賈耽道里裏面則作姑墨、這都是些古名新用、唐代土名業經不是姑墨了、可是我以爲這箇名稱在四世紀末年尙還存在、當時庫車有一箇劍慕王新寺、註六 我並不想在此處討論姑墨種種別譯名稱、然而我們要知道劍慕古讀似爲 kammo 或 kambo、而姑墨就在此寺所在的庫車同温宿國間、好像劍慕就是姑墨、或者是因印度有甘蒲闍 Kamboja 國名、便將他拿來附會、同把 Kuśinagara 的拘夷的古譯作爲庫車名稱的例子是一樣的。註七

註六　可參考一九一三年亞洲報第二册三三八頁烈維撰文。

註七　我以爲二八八年一部譯經（鈞案卽是大寶積經卷十中竺法護所譯密迹金剛力士會）裏面

的劍浮 Kambo 國、也是姑墨國、這部經的譯年南條目錄誤作二八〇年。

至若撥換的名稱、從前好多年我已經說明在 Idriçi 地誌裏面見過、這一說我現在還未放棄。註八

註八　見一九〇七年通報五五三至五五六頁、斯坦因 A. Stein 在「西域」(Serindia) 裏面說到撥換時、並未引證此文、可是這篇考證是一九〇六年我在喀什噶爾 Kachgar 作的、其中有許多地方必須更正。

呂岱司在地理考證一方面未曾說到一種舊考訂、從前有人誤以爲姑墨在阿克蘇 Aqsu 同庫車的中間、這種考訂實無存在餘地、因爲姑墨就是阿克蘇、斯坦因在「西域」(Serindia) 一二九七頁曾經將關於此地的種種考訂悉爲列舉。

呂岱司所考的文件裏面、還有兩箇地名或國名、一箇叫 Hippuka、未詳爲何地註九 一箇叫 H. čyuka (頭一箇韻母漫漶不明、或者是 a、或者是 i,e,o, 然而決不是 u) 呂岱司以爲可作 Hočyuka、承認就是今日吐魯番一帶、從前高昌 (Qočo) 的別名、我以爲此說恐怕不對、考六世紀末年譯的月藏經著錄的國名婆樓迦

國後面、有箇奚周迦國、列烈維曾經將他還原爲 Hejuka（遠東法國學校校刊五卷二六三頁）可是周字古讀有開喉發聲、應作 Hečuka 或 Hečyuka、呂岱司所見的原名、應該這樣補正、高昌一說是不能主張的。註十

註九 鈞案月藏經畢宿二十五國裏面有箇奚浮迦國、恐怕就是他是對音、可是仍舊未詳國之所在。

註十 我以爲 -yu- 韻母在此處婆羅門字母突厥文裏面應對 -ü- 韻母、高昌 Qočo 名稱裏面沒有這樣韻母、吐魯番的古地名在二八八年那部譯經裏面作前後國、就是從前的車師前後國、質言之今之吐魯番同別失八里 Bes-baliq、關於前後國的解釋、可參考一九一二年亞洲報第一册五七九至五八〇頁中我的說明。

然則奚周迦在甚麼地方呢、這箇國在月藏經裏面同婆樓迦國並列、婆樓迦國就是現在的阿克蘇、現在阿克蘇西邊的地方名稱烏什吐魯番 Uč-Turfan、吐魯番一名是後加的、古名祇有 Uč、這就是一三三〇年頃譯寫的「倭赤」也就是漢代的溫宿國、在唐時就叫「于祝」註十一 祝字古讀有喉音收聲、其原名或作 Učük 我以爲梵化的名稱 Hečuka, Hečyuka 是從這箇于祝對音變的、註十二 復次我們

要知道溫宿之宿、古讀亦有喉音收聲、註十三 或者可以主張溫宿古讀應對 Ursük、(而且可對 Určük)、由是轉出于祝奚周迦兩名。註十四

註十一　參照沙畹西突厥史料九頁、斯坦因西域一二九九頁。

註十二　現在的和闐 Khotan、漢朝作于闐、元朝作斡端 Odon、皆無呼聲、其故未詳、至若奚周迦之 o、同于祝之 u 相對、或者是吐火羅語常見的轉音讀法、烈維在一九一三年亞洲報第二冊三七二頁曾舉其例。

註十三　宿字有兩讀、一有喉音收聲、一有開口讀法、考賈耽道里又作溫肅、而此肅字古讀即有喉音收聲。

註十四　還有一種用呼聲又不用呼聲的例子、這就是奄蔡同闔蘇兩名的讀法、設若這兩國就是 Aorsoi、中間還要加上希臘文所有的 漢譯所無的-r- 聲母。

這樣看起來、呂佐司所發表的幾種名稱、很有關係、我們還希望他將來更有發現。

中國載籍中之梵衍那

見 Godard & Hackin 合撰梵衍那之佛教古蹟第二册(一九二八)伯希和附考

梵衍那(Bāmiyān)是一箇古名、乃是從中世波斯語(pehlvi)撰述 Bundaheš 中的 Bāmīkān 同 pseudo-Moïse de Khorène 地誌中的 Bamikan 變化而來、這是一箇伊蘭 Iran 語的名稱。註一

註一　參考 E. W. West, Pahluvi texts, I, 80; Marquart 伊蘭考(Eransahr, 92)

此地在中國史籍中最先著錄者、就是北史卷九七吐呼羅(Tokharestan)傳、據云、「吐呼羅國去代一萬二千里、東至范陽國(Bāmiyān)、西至悉萬斤國(Samarkand)、中間相去二千里。」馬迦特(Marquart)在他所撰的伊蘭考裏面、(二一四頁)曾據魏書卷一〇二引證此文、可是魏書的西域傳已佚、今本西域傳乃是中世紀時人從北史抄補的、如此看來、魏書同北史的西域傳同出一源、其文大致記述六世紀末年以前的事、然則此條是何時的記載呢、馬迦特在後來所撰的 Wehrod und der Fluss Arang, p. 38,（這部書從未完篇、刋本祗到一六〇頁）中、祗引北史不言魏書、曾說從「代」計里、好像所本的是四九四年元魏未從代遷都洛陽以前的一種史源、就嚴格說境界的紀錄同距離的紀錄得無關係、可是此處將四至混淆不淸、註二 然而我以爲此條所本之源、極像是四九四年以前的、由是至晚在五世紀時、中國人業已知道梵衍那的名稱了、此種譯寫 Bāmiyān 作范陽的方法、不無困難、因爲范陽讀若 Bam-yaṅ、可以適應梵衍那的現在名稱、然而古本中尙有 Bāmikān 同 Bamikan 兩種寫法、則應承認此名在中世波斯語中從 -k- 變 -y-、在五世紀時已然了、馬迦特（伊蘭考二一五頁）以爲若是「陽」字有 ŋg- 音發聲、則可持此說、他後來在 Wehrod, p. 36 中、又說較晚的譯名帆延之「延」古讀有 ŋg- 發聲、遂承認陽字從無此種發聲、其實這箇問題、比他所說的更較複雜、「延」字在較近譯寫中、常在摩訶延 (Mahāyāna) 同那羅延 (Nārāyaṇa) 兩名中用之、則可見其確無 ŋg- 音發聲、此外陽字固然從未有此種發聲、然在此處用陽字譯寫亦不甚恰當、因爲收聲之 -n(-ng) 在 Bāmiyān 名稱之中、當然無有、其實魏時所用的寫法是有傾向的、因爲范陽是河北一故郡之稱、因其習用、所以採用以名 Bāmiyān、則對於此名鑑定不可過嚴、我以爲 Bāmikān 於五世紀時在東伊蘭地方、已讀作 Bāmiyān、頗有其可能、從范陽的譯法上、可以作此假定、再從七世紀初年的譯法上、可以證實此說。

註二　范陽同悉萬斤實在吐呼羅的南方同北方、而不在其西方同東方、可參考伊蘭考二一五頁。

魏唐之間著錄這箇梵衍那名稱的、據我所知、是隋書、這是記載五八一至六一七年間的史書、此地名在其中凡兩見、註三 馬迦特曾將隋書卷八三的一條指出、(Wehrod, p. 36) 據說漕國(Zabulistan)北去帆延七百里、隋書不用北史的范陽而作帆延、其對音應讀 bamyan、此外隋書卷四著錄大業十一年(六一五)入貢的許多國名、(有幾箇國名是新名、)其中有一國名失范延、這也是梵衍那的名稱、至在玄奘記傳裏面、則作我們常用他替代 Bāmiyān 一切漢名的梵衍那、同梵衍、玄奘譯名的對音、好像是 Bamyana 或與此相近的對音。

註三　鈞案隋書卷六七裴矩傳亦作帆延。

新唐書卷二二一下有三箇譯名、曰帆延、曰望衍、曰梵衍那、頭一箇名稱是隋書卷八三西域傳的名稱、第二箇名稱望衍祗見新唐書著錄、第三箇名稱應是本於玄奘記傳的、其中望衍一名、恐怕是梵衍傳寫之訛、則新唐書先著錄官書的譯名。然後著錄玄奘的兩箇譯名、新唐書卷四三下列舉六五八至六六一年所設西域府州中、有寫鳳都督府、以帆延國羅爛城置、可是范延的名稱還在適用、册府元龜所載七一八年入朝的國名、即作范延。註四

註四　參照沙畹西突厥史料七〇頁同二〇一頁。

但是梵衍那的名稱在舊唐書卷四十裏面、則說寫鳳都督府於失苑延國所治伏戾城置、唐會要卷七三與舊唐書之文同、惟國名作失范延、核以隋書卷八三失范延的譯名、同新唐書卷四三下相對的帆延譯名、可見苑字是傳寫之誤、註五 這箇名稱不難解釋、失字古讀齒音收聲、應對 sit 到 šer 等音、則失范延的對音應是 Šir-Bām-iyān 或 Šer Bāmiyān、乃考馬迦特在伊蘭考（九二頁）中曾說 pseudo-Moïse de Khorène 昔名梵衍那爲 Šer-i-Bāmikān、而在 Istakhri 裏面則作 Šir-i

Bāmiyān、拿隋書舊唐書唐會要的失范延的譯名對照起來、可見就是他的對音、毫無可疑的了。

註五　鈞案伯希和在一九二八至一九二九合刊通報裏面說到同一問題、有一附註爲本文所無、可以轉錄於此、其註云、「由范誤苑、可以推想六五九至六六一年間所設的西域府州、新唐書地理志月支都督府有州名苑湯州、以拔特山（Badakhšān）城置、此苑湯恐是范陽之訛、唐時所置西域府州之名稱、幾盡是古地之名、而所指者常非應指之地、此范陽所以爲拔特山之州名。

七二七年經行其地的慧超所撰的往五天竺國傳、兩名其地爲犯引、好像他聽見的是 Bāmyān。

在唐以後、梵衍那的名稱不見於中國載籍、至若元史裏面的巴某、我不信是他的別譯。註六

註六　可參照 Bretschneider, Mediaeval Researches.

新唐書地理志的西域府州名錄、沙畹在西突厥史料（七〇至七一頁）業已譯出、可是要比較來源作一種綜合的考證、這件事不是在本文中可能討論的、中國載籍

中所著錄梵衍那國的諸城名，迄今皆未考訂出來。

魏略西戎傳中之賢督同汜復

一九二一年刊亞洲報上冊一三九至一四五頁　伯希和撰

惟一中國史文、說到紀元初數世紀經行大秦或羅馬東境商道者、就是魏略西戎傳、世人已知道魏略是三世紀中間的撰述、原書已佚、可是這篇西戎傳在四二九年已載入三國志卷三十的卷末、有些關於佛教初被中國佛徒辯論的撰述、也引得有魏略西戎傳、拿這類的引文看起來、可見三國志所載西戎傳之文、間有脫誤、不幸關於大秦一方面、我們沒有別的引文可供參考、暫時祇能以三國志之文作根據。註一

註一　我這篇考訂是在一九一七年七月撰於北京、距任何歐洲圖書館皆遠、自是以後、我在一九一九年終曾將此考報告考古研究院、現在我發表之文、略微有點細節的變更。

這篇魏略西戎傳、業經沙畹(Chavannes)在一九〇五年通報中譯出、可是恰將關於大秦的一節省略、僅敎讀者去參考一八八五年希爾特(Hirth)所撰「中國同羅馬東境」那部名著中的譯註、據我所知、自一八八五年以後、對於這段關於大秦

的記載、未見有一種全部的研究、我尚不知道海爾曼(Herrmann)在大戰中是否繼續發表他對於通道(Seidenstrasse)的尋究、

希爾特的研究雖然細心而不乏功績、可是在任何專心的讀者看起來、在不少點上、解說很難令人滿足、對於他的假定所引起的重要駁論有二、一種是他所假定的古地名、常與漢文譯寫之例不合、一種是他假定考出的路程、與我們所知道的古地理家所誌的路程不符、尤與脫烈美(Ptolemee)所誌的路程不符、比方商隊通常經行的道路、應該經過裏海之南、復由此行到 Zeugma 渡 Euphrate 河、乃在希爾特的假定中、還要向南繞箇灣子到 Seleucie-Ctesiphou、我現在尚無將此問題完全解決的志願、註二 我覺得將我的一種假定提出、以供我們的僚友之審查、不能說無其功用、如能將其證實、則將可爲將來尋究的一種堅固根據。

註二　關於中國人最先知道的地中海東部之犂靬名稱、希爾特君以爲是 Rekem、然而我以爲是亞歷山大城、(Alexandrie 見通報第二類第十六卷六九〇至六九一頁) 我的從前一箇荷蘭旁聽生、後來告訴我這種亞歷山大城的考訂、同時已見於一九一五年商務印書館刊行的辭源之中、

海爾曼在他的「中國同西亞間之古代商業關係」（見 Weltverkehr und Weltvirtschaft 一九一二年三月刊五六二頁）一文裏面說犁靬在達過水（Tigre）上之 Seleucie、而于羅在 Hierapolis、我未見有何理由。

魏略的撰者魚豢曾經明說他記載這些路程者、因爲「前世但論有水道、不知有陸道、」註三 如此看來他所注重的、就是這條陸道、世人先應假定者、這條陸道大致就是脫烈美所誌、Tyr 的航員所聞、而經 Maes Titianos 所經行、進向石塔同漢人(Seres)都城的那條道路、顧脫烈美所誌進向石塔的距離、是從 Zeugma 渡 Euphrate 河處開始計算、這一點特別重要、因爲從石塔經過裏海南邊來的商隊、同從巴比倫(Babylonie)運輸海外運到波斯灣貨物的商隊、皆會於此地、彼此皆從此地進向 Antioche、這箇重要地方、在魏略路程中也應該有、所以希爾特曾假定這箇 Zeugma 就是魏略路程中的驢分國、我以爲我有一種別的見解。

註三 魏略所本的、應該是記述漢時緬甸所獻大秦幻人、同一六六年大秦帝安敦(Marc-Aurele)從海道遣使至中國之文、這箇一六六年使臣、已見後漢書著錄、可是後漢書的撰年在魏略之後、魚豢所本之文、必定也是後漢書所本之文、而在後來佚而不傳的、一六六年使臣在交趾登陸、我不特仍舊主張交趾治所就是脫烈美之 Cattigara、而且我以爲這箇名稱不是海爾曼所說的河靜、（Hatinh、當時尚無此名、見一九〇三年刊 Zeitschr. d. Gesellsch. für Erdk. Zu Berlin 七七一至七八七頁「根據脫烈美地誌所載印度同中國南部間之古代交通」一文、）而這箇 Cattigara、一名前半、好像就是交趾的對音。

魏略有一段說、「從且蘭復直西行之汜復國六百里、南道會汜復、乃西南之賢督、」又有一段說、賢督「其治東北去汜復六百里、」魏略說這些國皆是大秦的枝封小國、其義不僅說有地方王朝的城市、而且兼含着勢力多少強盛的總督所管的地方、魏略並說大秦國中「其餘小王國甚多、」

希爾特在附加不少條件之下、將汜復位置在 Emése、將賢督位置在 Damas、乃考賢督兩字古讀若 ghiän-tuk、我以爲這箇 gh 聲母非 kh 聲、僅有 h 聲、這也是唐代突厥語的照例寫法、則其對音是 An-tuk、（不過韻母中之 a 或 ä 同 u 或 o、還有點不定、）從這箇對音立時令人想到的、就是 Antioche 一名、此地的譯名固

魏略西戎傳中之賢督同汜復

然還有安都 (Au-tu)、但此名是後來五世紀的譯名、又一方面、考 Antioche 東北商隊的第一箇大站、應該是兩道商隊會合的 Zeugma、顧考魏略即說賢督東北六百里就是汜復、又說直西行同南道會汜復、如此看來、在賢督比對 Antioche 之假定中、汜復應該是渡 Euphrate 河的所在、我今以爲可以很確實的音聲根據來證實吾說。

案 Zeugma 是一箇形容詞、並非純粹地名、商隊發足渡 Euphrate 河的所在、實徵在河之西、這就是希臘人名稱的 Hierapolis 可是此地的土名則名 Bambykê、這箇土名在我們地圖上、則因阿剌伯語轉出的 Membidj 或 Membudj 而見。

在表面上看起來、汜復同 Bambykê 似無關係、然而我以爲汜復的寫法有誤、希爾特君所用的版本上面讀若祀的汜字、常與讀若汎的氾字混用、康熙字典曾舉其例、考北宋本的「姓解」所著錄的姓作汜、既然是姓、應讀若汎、乃姓解說音帆、亦讀若祀、既說音祀、則不能說是姓、註四 又考張澍的姓氏尋源、註五 汜氾兩字並用作音汎的姓、我從前曾經引有汜氾兩字混用之例、註六 我現在還可加增一譯名用汜之例、

十九

佛經中的汜羅那夷(Vamranayı, Vārānasi, Bénarès)、今本皆誤作汜羅那夷、註七如此看來、原書既無古代音註、我們對於魏略的汜復名稱、也可讀作汜復、乃在事實上、諸本兩字互用、註八 而且不問這箇汜字古代發聲爲何、他的收聲必定是 m、而這箇收聲同復字的脣音發聲正合、尤是以證明汜復之是漢語汜復兩字的發音、從脣聲發音轉到雙脣呼音、又轉到齒脣呼音、是在何時、現在尚難確定、可是在原則上、這箇 f 聲母在紀元初數世紀譯寫中、等若濁音古發聲之 p、又等若清音古發聲之 b、或者有時等若 bh、是確然無疑的、諸字典對於汜字古發聲之清濁、爲說不一、可是宋本的姓解音帆、張澍的撰述音梵、這兩箇字古發聲是清音、已有證明、如此看來、我們可以說汜字譯寫的對音是 bam 或 bham、至若復字古有一箇清音發聲、同一箇喉音收聲、他在譯寫中理論的對音、必定是 buk 或 bhuk、由是這兩箇字的對音是 Bam-buk 或 Bhum-bhuk、在譯寫中合於 Bambykê 的譯例者、無過於此。

註四　參考古逸叢書影宋本姓解卷一。

註五　參考卷二三、又卷三十中之范字、常寫作范、並參考同一撰者之姓氏辨誤卷十六同卷二十。

註六　參考遠東法國學校校刊第四卷三八八頁、亞洲報一九一四年一二月刊二二〇頁、（我在此處所說汜氾之混用是對的、可是所疑氾范兩字之相同、不甚可靠。）

註七　參考西京續藏本第十套第五册四一〇頁、又東京大藏本黃字套第五册四九頁、這箇地名的還原、有別的譯名可以參證、此外我未見有譯寫中用汜字之例。

註八　希爾特未說他用的是何版本、考一五九六年南京國子監本作汜復、可是圖書集成公司的活字本皆作汜復、此外諸版本互用此二字、其原文必為汜字無疑、比方魏略西戎傳末說「余今汜覽外夷大秦諸國」云云、其中的汜字亦寫作汎、其音必作汎而不作祀、可是在南京國子監本裏面、此處的汜字亦寫作氾、又考三國志吳志卷十二虞翻傳、翻之第四子、南京國子監本三寫作汜、乃考三國志注引會稽典錄曰、汜字世洪、則可見原名必為汜字、若為氾字、則同洪字沒有關係、這些例子應該夠了、我以為無再舉三國志版本之必要、就算是現在版本皆作汜復、（况且此非其例）我們改作汜復也有根據。

我的賢督比對 Antioche、同汜復比對 Bambykê 的兩條假定、當然沒有解決魏略大秦全條難題的野心、其中尚有若干不能調合的記載、又一方面、我的假定略微擾亂世人慣有的觀念、世人習慣以爲魏略所誌大秦所治的無名都會就是 Antioche、魏略的這一條、並見轉錄於 Baedeker 氏的敍利亞 (Syrie) 旅行指南此城沿革一條之中、顧若賢督卽是 Antioche、則或應尋求魏略所言之大秦都城於別所、或者就是亞歷山大城也未可知、無論將來的考證能否證明吾說、我以爲我這兩條假定、在地理同音聲方面極其相符、所以不待全部研究完成以後、首先將他提出、而且我現在暫時無暇作這篇全部研究。

蘇毗

一九二一年通報三三〇至三三一頁　伯希和撰

六世紀同七世紀上半葉中、吐谷渾的西南、同西藏本部（吐蕃）的東北、有箇藏種的國家中國載籍名之曰蘇毗、而視此國爲一箇女國、兩唐書列傳有時將西藏西邊別一箇女國的事情敍在蘇毗傳中、註一 蘇毗的原名假定是 Su-bi 或 Su-vi、而這類的土名他處未見可是我在敦煌所得的寫本有一部法成譯爲漢文的于闐鞞迦曷羅那 Vyākaraṇa、此本應是九世紀上半葉的譯本、註二 其中就有蘇毗的名稱、拿此本的名稱同 Thomas 刋布的西藏文節本 註三 對照、好像蘇毗就是西藏本的 Sum-pa、再拿新唐書卷二二一下的蘇毗傳來參照、可以證實此說、新書說「蘇毗本西羌族、爲吐蕃（邏娑 Lhasa 的西藏人）所幷、號孫波、」孫波古讀若 Sum-pa、漢語昔無 sum 音、則孫波必是西藏語的 Sum-pa、就實際說、我不敢保蘇毗同 Sum-pa 根本相同、羌族說的雖是西藏語、或者他們的西藏語同建設邏娑帝國的西藏人所說的西藏語不同所以羌族的名稱是蘇毗、而吐蕃的名稱是孫波、這箇孫波(Sum-pa)名稱在現在地名裏面尙見保存、所指的是西藏北方的一箇地方。

註一　參考 Bushell 在一八八〇年王立亞洲協會報五三一頁撰文、又沙畹撰西突厥史料一六九頁、同一九一二年通報三五八頁我的附錄。

註二　參考一九一四年亞洲報第二册一四四頁。

註三　見斯坦因撰「古和闐」第二册五八四頁。

玄奘沙州伊吾間之行程

一九二一年通報三三二至三五四頁　斯坦因撰

我在一九〇七年秋天、第二次調查中亞的時候、曾取道安西通哈密的道路、經過北山的戈壁、此道就是甘肅通新疆的大道、我當時已知此道是古時的北道、紀元後七三年中國控制哈密之時、卽用此道通西域、我當時以爲歐洲旅行家經過此道的已有多人、似無重新調查之興趣。

到了後來、我編撰第二次旅行中亞的詳細報告「西域」(Ser-india)一書之時、我才知道凡是研究中亞史地的人、不能不注意到這條荒寂的道路、七世紀上半葉玄奘經行西域之時、留下來關於印度同西域的地理歷史古物等記載不少、他在六三〇年(鈞案應作六二八年)初赴西域求法之時、曾在這箇沙漠裏面作過這種冒險的旅行。

玄奘在此沙漠之中幾乎渴死、他對於此次冒險的記載、尙未有人根據其地地勢正確的知識詳細審查他的記載不見於西域記、（因爲西域記是離開高昌以後說起的、）惟見慧立所撰大慈恩寺三藏法師傳卷一之中、看此書所說的若干靈異、好像此事不能相信、可是詳細比較傳中的記載、同安西到哈密的地勢、其情形完全相符、可見傳中所記忠實可信、我們每次研究中亞或印度地理之時、皆免不了採用玄奘的記傳、則說明玄奘經行沙漠的路程、實有其必要。

可是在逐步追隨玄奘之前、對於他發足的沙州（安西）同沙州到伊吾（哈密）的地勢、似有略爲說明之必要、我在「西域」一書第十五章同第二十七章裏面曾經詳細討論過、從紀元前二世紀到今日、中國人選擇南山北麓的一道爲通西域要道的理由、祇有這條道路才有比較肥沃而能灌溉的區域、像涼州甘州肅州這些地方、才能作通商同行軍的根據地、肅州以西、愈往西走、祇有些小地方有水草、其中著名的、就是現在的玉門安西敦煌、這些地方皆在很寬的山谷之中、可是大部份是不毛之地、疏勒河下流即從此處流到蒲昌海舊址東邊的沙地、這些要點、我在「契丹沙漠廢蹟」附圖第一圖上業已指[illegible]

祇要中國對於塔里木河流域的商業同軍事經營、可以直接經行蒲昌海已乾的海牀、逕向樓蘭發展、敦煌一城少不了是發足的所在、可是在紀元三世紀以後、樓蘭被棄於沙漠、而因水草之缺乏、這條近路遂難通行、而不能不走北山戈壁、取道哈密。這一面的道路、當以安西到哈密的道路爲最近、走的人最多、此道經過北山的沙漠、全途共有十一站、約有二百一十八英里、哈密賴有附近喀爾里克山 Karlik-tagh 的積雪、灌溉很易、所以在歷史裏面是一箇以農產著名的所在、並是經行東南沙漠交易的一箇天然市場、安西一方面因爲有七八十年前的甘回之亂、元氣尙未恢復、他現在的富源雖薄、可是一箇能夠供給旅行人糧食草料的地方、若據歷史的記載、他從前的富源還不止此、至若其他從北山戈壁通哈密的道路、關於供給水草方面、路程較遠、困難相同、有時更甚。

從地勢一方面看起來、安西通哈密的一道、在任何時代必定重要、他的路線必同現在不差什麼、而且今道除在大泉同沙泉子兩處取水須繞點小灣外、從安西到哈密、幾乎可以說是一條直線。

這箇在現在安西境內的古瓜州、就是玄奘發足之所、我在「沙漠廢蹟」一書第七十一章裏面曾說明我在一九〇七年時此城的現狀、今日的安西距疏勒河的左岸不遠、名子雖然響亮、可是祗有一座破城、中間有一條街道、兩邊稀稀落落有些房屋、他的重要、就在他是到哈密前供給糧料的最後一站、安西城南、在河流同南山的中間、遍地荆棘、耕種的地方很少、荒蕪的地方很多、城的周圍、有不少城村的廢蹟、其間居中而最重要的、尙名瓜州城、相傳是古瓜州的治所、我在「西域」一書裏面曾以考古方面的理由、證明此說之是、慈恩寺傳所說六二九年（鈞案應作六二七年）終玄奘所到的瓜州、好像就是此地。

這位法師離長安後、「欲西來求法於婆羅門國」、質言之、求法於印度、當時的唐太宗（六二七至六四九）雖然志在經營西域、惟其「時國政尙新、疆埸未遠、禁約百姓不許出蕃。」

所以玄奘密出涼州、晝伏夜行而至瓜州、至後、「因訪西路、或有報云、從此北行五十餘里、有瓠驢河、下廣上狹、洄波甚急、深不可渡、上置玉門關、路必由之、卽西境之襟喉也、關外西北又有五烽、候望者居之、各相去百里、中無水草、五烽之外、卽莫賀延磧、伊吾（哈密）國境。」

玄奘「聞之愁憒所乘之馬又死、不知計出、沈默經月餘日、未發之間、涼州訪牒又至」州吏李昌憫之、爲之毀卻文書、囑其早去時所從二小僧、一人先向燉煌、一人不堪遠涉、亦放還、遂貿易得馬一疋、但苦無人相引、有一胡人來言願送師過五烽、並介紹一胡老翁來見、據說「此翁極諳西路、來去伊吾三十餘返。」胡翁「因說西路險惡、沙河阻遠、鬼魅熱風、遇無免者、徒侶衆多、猶數迷失、況師單獨、如何可行、願自料量、勿輕身命、法師報曰、貧道爲求大法、發趣西方、若不至婆羅門國、終不東歸、縱死中途、非所悔也、胡翁曰、師必去、可乘我馬、此馬往返伊吾已有十五度、健而知道、師馬少不達」玄奘乃以己馬換取此「瘦老赤馬」他在後來頗得此馬之力、終在沙漠脫險、也是此識途老馬之功。

玄奘換馬以後、遂同少胡夜發瓜州「三更許到河、遙見玉門關、去關上流十里許、兩岸可闊丈餘、傍有梧桐樹叢、胡人乃斬木爲橋、布草塡沙、驅馬而過、法師旣渡而喜、因解駕停憩」天明以後、胡人畏前途危險、不願相隨、玄奘「因是孑然孤遊沙漠矣」

我們隨着玄奘西進以前、應該考證他所經過的是安西何地、我們若以瓜州城爲起點、伊吾或哈密的道路、先向北行、從瓜州城到瓠𤬪河相距有五十里、玉門關就在河邊、復從此河前進赴哈密、應向西北行、經過五烽、玄奘先要避開玉門關、所以夜發瓜州、在玉門關上流十里許渡河、順着五烽附近的道路走、逕八十餘里而見第一烽。

慈恩寺傳這段記載、不難拿我們測量的地勢來證明、瓠𤬪河衹能是疏勒河、（也就是蒙古人的布隆吉河 Bouloungir）瓜州城的廢址、因爲地居中心同歷來的傳說、或者可以視爲唐代的瓜州治所、可是哈密通道經過疏勒河的地方、確在瓜州城正北八英里、設若承認玄奘時代的疏勒河在今日河流之北兩英里、我們的地圖標示的舊河牀所在、則與慈恩寺傳五十餘里之記載恰合、因爲據我們計算玄奘所記里程的經驗、他所算的、大致可以五里當一英里、至若玄奘所說從河逕八十餘里見第一烽、也同我們從舊河牀算到第一站白墩子十六英里之數正合。

玄奘時代的玉門關、確在何處、我現在還不能說、據我們在一九〇七年調查中發現的結果、這箇原在燉煌西邊很遠的玉門關、就在玄奘時代、好像遷到瓜州之北爲時不久。

要詳知玄奘經行沙漠的狀況、可先審查今日通道的大概情形、同區別各站的地勢、在偏向文明生活的中國人看起來、必視這條沙磧道路爲畏途、我們經行此道之時、當時也有這樣的感覺、諸站連同糞土充滿的土房、同些小營房、皆在供給泉水或井水的低窪地方、祇有這些小地方、才有用荆棘或蘆葦所作的草料、其間道路碎石沙礫遍地、我想從古到今交通的情形、必定未有什麼變遷。

在這條路上覓取牲口必須的草水很難、加以燃料缺乏、我想任在何時、使他在商業或軍事方面變更位置、頗不容易、北山中部的氣候嚴酷、或者是冬春兩季常有而可畏的東北暴風、或者是夏天的燥熱同風沙、一箇獨行的旅客、必定犯冒危險、今日要是沒有嚮導、必有迷途之虞、則在中國政治孤立妨礙任何交通時代、危險當然更大。

這條道路雖然一致荒涼、然而可以把他分成幾段、我們拿「西域」同「沙漠廢蹟」兩書所附的詳細地圖檢查一下、就不難分別他的界綫了、安西以西的頭五站、經過許多小山、祇有頭三站（白墩子、紅柳園、大泉、）有泉水、馬連井子、星星峽、兩處有不過六八尺深的井水、水在表面上看起來甘肅同新疆兩省今在星星峽附近分界、不能說無理由、因爲過峽以後土地大變、在到後兩站沙泉子苦水兩站路中常見石塊突出、獸骸鋪地、同時從前幾站的地平降下兩千尺、植物更稀、水鹹而難飲、看這箇苦水驛的名稱、就可以知道了。

但是中國旅客所最怕的、就是後來到烟墩的一站、這一段路、大致有三十五英里、從苦水沙坡下降一千五百尺、沿路毫無庇蔭之所、夏天酷熱、冬春兩季又有東北冰風、自發苦水驛後沿途常見獸骸、行人死於此道者、亦不乏其例、過烟墩以後、又有一段沙地、情形相同、不過路程較短、旅客所到之站、名長流水、此地距可以種植的黃土地帶不遠、這條黃土地帶、受喀爾里克山雪水的灌溉、水草豐美、到了長流水以後、就看見哈密耕地的一小角、再行過容易經行的兩站、就到哈密或庫木爾城。

這就是此道現在的狀況、玄奘從前經行沙漠之情形、不難拿來對照我們從慧立的慈恩寺傳、知道下述的一些事情、玄奘渡瓠𤬪河（疏勒河）別了胡人以後、孤身

「望骨聚馬糞等漸進、頃間忽見有軍衆數百隊、滿沙磧間、乍行乍息、皆裘褐駝馬之像、及旌旗矟纛之形、易貌移質、倏忽千變、遙瞻極著、漸近而微、法師初覩謂爲賊衆、漸近見滅、乃知妖鬼、」玄奘所見的、顯是我離了安西以後在頭幾站中所見的映景、也就是中國人所說的蜃氣、玄奘走了八十餘里、就見第一烽、「恐候者見、乃隱伏沙溝、至夜方發、到烽西見水、下飲盥手訖、欲取皮囊盛水、有一箭颯來、幾中於膝、須臾更一箭來、知爲他見、乃大言曰、我是僧從京師來、汝莫射我、既牽馬向烽、烽上人亦開門而出、相見知是僧、將入見校尉王祥。」

王祥是燉煌人、他問了玄奘以後、知道他是求法的僧人、很可憐他、到了明天、王祥「使人盛水及麵餅、自送至十餘里、云師從此路徑向第四烽、彼人亦有善心、又是弟子宗骨、姓王名伯隴、至彼可言弟子遣師來、泣拜而別、既去、夜到第四烽、恐爲留難、欲默取水而過、至水未下間、飛箭已至、還如前報、卽急向之、彼亦下來、入烽、烽官相問、答欲往天竺、路由於此、第一烽王祥校尉故遣相過、彼聞歡喜留宿、更施大皮囊及馬相送、云師不須向第五烽、彼人疏率、恐生異圖、可於此去百里許、有野馬泉、更取水。」

「從此已去卽莫賀延磧、長八百餘里、古曰沙河、上無飛鳥、下無走獸、復無水草、是時顧影、唯一心但念觀音菩薩及般若心經、」「時行百餘里、失道、覓野馬泉不得、下水欲飮、袋重失手覆之、千里之資、一朝斯罄、又路盤迴、不知所趣、乃欲東歸還第四烽、行十餘里、自念我先發願、若不至天竺、終不東歸一步、今何故來、寧可就西而死、豈歸東而生、於是旋轡、專念觀音。西北而進、是時四顧茫然、人馬俱絕、夜則妖魑舉火、爛若繁星、晝則驚風擁沙、散如時雨、雖遇如是、心無所懼、但苦水盡、渴不能前、於是時四夜五日、無一滴霑喉、口腹乾燋、幾將殞絕、不復能進、遂臥沙中、默念觀音、雖困不捨、」「至第五夜半、忽有涼風觸身、冷快如沐寒水、遂得目明、馬亦能起、體旣蘇息、得少睡眠、」「驚寤進發、行可十里、馬忽異路、制之不迴、經數里、忽見青草數畝、下馬恣食、去草十步、欲迴轉、又到一池水、甘澄鏡徹、下而就飮、身命重全、」「卽就草池一日停息、後日盛水取草進發、更經兩日、方出流沙、到伊吾(哈密)矣。」

若是將慈恩寺傳這段記載同現在從安西到哈密的地形比較、一方面可見極其相符、又一方面可見慈恩寺傳文中有點缺漏、據慈恩寺傳說、從第一烽到第四烽、祗要一天、可是與前文五烽各相去百里之文不合、似不能不承認玄奘從疏勒河起、實在走了四程、才到第四烽、傳中定有脫文。

這樣的脫文、在慈恩寺傳今本裏常有、此段玄奘經行沙漠的行程、很易考證、他所說的第一烽、明明是現在安西以後的第一站白墩子、他說從蘇勒河到第五烽有四百八十里。同我們測量現在此河到第五站星星峽的距離九十六英里之數亦合、據說第五烽外就是莫賀延磧、現在出了星星峽以後、地形確變、由是可以證明玄奘的行紀同現在地圖完全相合。

據傳所說、第四烽的人勸他避開第五烽、質言之、避開星星峽、去距第四烽百里的野馬泉地方取水、當玄奘尋不着野馬泉時、想「東歸」還第四烽、可見野馬泉在第四烽的西邊、我們若將俄國人所繪的地圖檢查一下、就可看見上面所繪的燉煌一道、在連接安西哈密通道之前、經過馬連井子的西邊距離約有三十英里、而在馬連井子的西北西相當距離的地方、確有一處有水草、這或者就是玄奘尋不着的野馬泉、因爲在北山東部旅行、若是沒有嚮導、很難尋着有水草的所在、這也是我在一九一四年九月常有機會得來的經驗。

總而言之、現在如果有人從安西來、想避開星星峽、最好在馬蓮井子離開大道、轉向西北西、走過北山、此處山道比星星峽高、可是一樣曲折崎嶇、所以慈恩寺傳說「又路盤迴不知所趣、」玄奘覓野馬泉不得、決定不還第四烽、不顧口腹乾燋、沙漠危險、向西北而進、非有信心同勇氣、決不敢下這樣的決心、可是這也是他的很聰明的決斷、因爲要想不走錯路、祗能取道西北、中國人皆有認識方向的本能、玄奘這樣的本能尤其完備、看他在西域記所誌的地形、就可以知道了。

拿現在的地圖看、若從西北走、必須經過苦水附近的斜坡、烟墩的窪地、而到黃土地帶的東南界、略有水草的所在、據所說、玄奘在莫賀延磧走了四夜五日、無水霑喉、至第五夜半、穌息以後、他的那疋老馬才將他領到十里外有水草的地方、慈恩寺傳此處記載、同我們所知道的地勢很相符合、現在的大道、從馬蓮井子（第四烽）到哈密附近初見有水草的長流水地方共有五站、總計有一百〇六英里。

好像從古來到現在、在第五烽到哈密的通道中、有些地方有井、而這些地方大致可當現在的沙泉子、苦水、烟墩、可是在大道外行走的玄奘、不容易尋得着、這是我從前經過沙漠所得來的經驗、玄奘所走的路、必定是與大道並行的路、可是祗要離開有幾英里遠、就不容易尋得着。

歸結一句話、能夠使玄奘不渴死、而到有水草的地方的、必是他在瓜州同胡老翁換的那疋往返伊吾十五度的瘦老赤馬、或者因爲他的嗅覺、或者因爲他記得地勢，所以「馬忽異路、」到了有青草池水的地方、馬同駱駝在沙漠裏面、能有嗅得很遠地方水草的能耐並能認識他從前已到過的地方、一疋慣走沙漠的馬、在中亞冬寒的時候、可以五天不喝水、我從前經過新疆大沙漠、到克里雅河盡頭的時候、我們的幾疋馬有四整天未喝水、看他們到了河邊的狀況、或者還可以再渴兩天、不過我們要知道、北山高原的斜坡是光滑的、比較經行新疆大沙漠的馬和人容易疲乏。

慈恩寺傳這段記載、始終皆能勘證、他說玄奘「更經兩日方出流沙到伊吾、」現在從長流水到哈密、恰有兩站、共計約三十五英里、如此看來、這卷慈恩寺傳的第一卷、因爲有冒險的事蹟、同些靈異的解免、雖然比較容易發生許多誇張想像的解說、然而我敢保他是出於玄奘口述、而經慧立筆受的。

景教碑中敍利亞文之長安洛陽

一九二七及一九二八年合刊通報九一至九二頁　伯希和撰

一九二六年九月十日我在考古研究院提出一種報告、業經一九二六年刋考古研究院記錄二二三至二二四頁登載、其文如下。

「伯希和君今爲一種關係 Khumdan 同 Sarag 主敎區之報告、」「中國古基督敎之最重要的遺物、就是七八一年所建立、一六二三或一六二五年所發現之漢文敍利亞文的景教碑、頌此碑上面著錄有一箇 Khumdan 同 Sarag 的主敎、這箇 Khumdan 地名、並見 Theophylacte Simocatta, 的希臘文記載、同九世紀阿剌伯旅行家的行記著錄、就是外國人稱呼唐代西京全部或一部的名稱、別言之、昔之長安、今之西安、但是對於這箇 Sarag 名稱、尚無明白解釋、有人以其爲長安的一部份、別有人以其爲新疆喀什噶爾(Kachgar)的古名、並且有人將此地位置在波斯境內、乃考一種梵漢字書、其中著錄的洛或洛陽的梵文對稱、則名娑囉誐(Saraga)、洛陽是唐代的東京、此梵文的 Saraga 必爲敍利亞文的 Sarag 無疑、如此看來、Sarag 卽是洛陽、玉耳（Yule）已曾想到此種解釋、又可以見他的鑑識明敏」一這篇節略、祗說明我報告的要點、我想將來在一篇論文中作一種更較詳細的說明、惟在此處附帶言及者、前所說的梵漢字書、就是日本所藏題曰義淨撰的一部唐代梵語千字文、我在一九二六年獲見此書、因爲 Prabodh Chandra Bagchi 君在他的博士論文補編「兩種梵漢字書」（一九二六年巴黎 Geuthner 出版八開本）裏面、曾經轉錄這部字書、我在此處暫不討論此 Sarag 名稱之所本、惟應注意者、此名之後半、應使人憶及古讀若 Lâk 之洛字、此事或者不是出於一種偶然。

支那名稱之起源

一九一二年通報七二七至七四二頁　伯希和撰

本文以前、就是洛費 B. Laufer 君的支那名稱考、他在他那篇文裏面斷然辯駁支那(Cīna)名稱本於秦國之說、他尋究此支那名稱是否是一馬來語的古稱、此事雖無證明、然得爲紀元前四世紀時馬來羣島航海家指示廣東沿岸之稱、註一 前幾年我曾將支那卽是秦國之舊說試言其理、註二 洛費君這篇稿子、承他見愛、先給我看過、並囑我加一點考證或附說、同對於他的新說所發生的批評、我現在不想將前人所提出的一切假說詳細討論、可是我從前有幾種新資料必須闡明、我以爲必須在一篇連續的說明中、才能使我的意見更爲明瞭、所以我對於洛費君此文之批評、竟成爲一篇單獨的考證。

註一　見一九一二年通報七一九至七二六頁。

註二　見遠東法國學校校刊第四卷一四三至一四九頁。

洛費君研究之起點、就是一九一一年雅各比 H. Jacobi 君所撰、Kultur-Sprach-und Literarhistorisches aus dem Kauṭilīya 一文、註三 這箇最近發現刊布的 Kauṭilīya 是 Kauṭilya 的撰述、此人亦名 Viṣṇugupta 及 Cāṇakya、他是在紀元前三二〇至三一五年間卽位的 Candragupta 之大臣、顧在這部撰述裏面、說到支那地出產的絹同紐帶、(kauçeyaṃ cīnapaṭṭāçca cīnabhūmijāḥ) 此處的支那、必指中國無疑、雅各比（九六一頁）並說「如此看來、名中國曰支那、在紀元前三百年時已見著錄、由是中國名稱由秦朝（前二四七）名稱蛻化之說、可以絕對屛除。」

註三　見一九一一年普魯士科學研究會議錄九五四至九七三頁。

洛費君在印度學方面、對於一箇印度學名宿如雅各比君之說、曾爲無條件之承認、我覺得我應取的態度、當然也同他一樣、可是我詳讀雅各比君之文、看見其中年代問題、祇因 Kauṭilya 一名之著錄、卽視爲解決、不禁詫異的很、顧其所關係者、乃在迄今贊同的古典梵文流行諸說之完全推翻、似乎應該愼重討論、就在一箇平常的人看起來、也覺得有些重大難題、根據 Kauṭiliya 之文、當時王庭所用的公文、已經是梵文雅語（sanscrit）、乃考半世紀以後無憂王（Açoka）的碑文、上刻皆是梵文俗語（pracrit）、雅各比君意以爲 Kauṭiliya 的用語是文翰用語、而非當時未識的或罕用的金石碑刻用語、「這些金石碑刻初用之時、好像是在無憂王時代、縱不然、也在此時才通行、對於人盡通曉的文件、用民衆的方言、亦屬事物必然之理、可是不能反對舊有的習慣」但是這種根據時機的立說、我們實在看不出甚麼道理來、如果無憂王的碑刻是用梵文雅語、我們對於他在久存的遺物上面用學者的文字、使其流傳後世、則不能說他「屬事物必然之理」麼、關於越南半島的印度化方面、雅各比君在 Kauṭiliya 中所得的結論、我亦以爲與他說不合、雅各比君（九六一頁）以爲在紀元前數世紀中、印度的婆羅門教同梵文雅語、大行於越南半島全島、到了緬甸人同暹羅人南下之時、方始告終、「占波（Champa）同柬埔寨（Cambodge）這類印度化的國家、我們可據碑刻同古物考證他們的經過、到紀元初數世紀時、我們祇能視這些碑刻古物是古來傳到後來的遺跡、因爲中間的遺物消滅、所以表現他是隔絕孤立的」但是我們考證紀元後三世紀的中國載籍、同占波柬埔寨的古物、好像越南半島東部的印度化、不能上溯到紀元以前、至若緬甸人暹羅人之南侵、爲時甚晚、一面在十一世紀前後、一面在十三世紀中、總而言之、皆在占波同柬埔寨的印度文化大行時代之後、如此看來、不能將此事作爲紀元前後越南半島印度文化流行界限的證明。

老實說、在印度學方面、我對於雅各比君所承認者、不敢絕對否認、可是我覺得這件問題還未解決、顧其所涉及者、不僅在支那名稱發源的舊說、我很希望雅各比君的僚友、將此問題重再研究一下、而我們漢學家對於我們在此處所考證之點、是不怕甚麼研究結果的、無論 Kauṭiliya 的撰年是否在紀元前三百年、我們仍舊用別的方法、維持支那比對秦國一說、所以我想在此文中由近及遠、說明中亞同西亞歷來所稱中國的三大名稱。

最近的一箇名稱、因爲他的起源從無異議、我們可不必多說、這就是 Kitai 或 Khitai 之稱、現在世人皆知其爲波斯語俄羅斯語希臘語的中國名稱、蒙古時代的旅行家、曾使 Cathay 一名大爲著名、東方學家皆一致承認這些名稱皆是從契丹名稱轉化而來的、契丹是東蒙古的一種非漢族的種族、在六世紀末年、始見中國載籍著錄、而在八世紀的突厥碑文裏面、則作 Kytai、契丹後來在中國北部建立了一箇帝國、漢名遼國、其立國時間始九一六迄一一二五年、現在尚不能說這箇契丹名稱在何時流行中亞、註四 我們祇知道在十三世紀時、此 Khitai 之稱已經成爲中國北部流行的名稱、旋又變爲中國全國的名稱、由是在此處可見北方侵入中國的外族名稱、終變爲中國國名之一箇很顯明的例子。

註四 吐魯番的一部摩尼教經寫本標題上有 Khtai 一字、好像指的是中國北部、可是標題的年代不明、可參考 von Le Coq, Türkische Manichaica aus Chotscho, I, 29, 44.

這箇名中國曰契丹之名稱、當然不能上溯至遼代以前、從前中亞應有別一名稱以名中國、這箇名稱近幾年來也爲我們所熟識、這就是七世紀突厥碑文中的 Tabghač、此名在一定地域之中、延存至於元朝初年、因爲一二二一年丘處機西行之時、曾在伊犁聽見有這箇桃花石 (Tabghač)、註五 在東羅馬同回教徒的撰述之中也見有這箇名稱、此名今尙不明其所本、註六 洛費君曾採希爾特君(Hirth)之說、以爲桃花石的名稱始於唐代、乃唐家二字之對音、註七 可是此說在年代方面有一種絕對的不可能、唐朝始於六一八年、顧此桃花石的名稱、在七世紀初年 Théophylacte Simocatta 的撰述之中、早已寫作 Taughast、其所記者、顯然是六世紀末年的事跡同名稱、與唐朝實無關係、註八 我現在無暇詳細研究著錄桃花石名稱的諸文、我們祗要知道其中所言的桃花石、或者是一城名、或者是一國名、亞洲人的習慣、常將都城名同國名混而爲一、此事亦不足爲異、從前有人僅限此名爲一城名、我實在看不出有何種理由、在事實上、桃花石實在是一箇種族名稱、唐代中亞的人普遍用這箇名稱以指中國人、同後來用契丹名稱的情形一樣、在這一種情況之下、我想提出一說、以爲這箇名稱同契丹名稱情形相類、我對於這一說不敢自以爲必是、當三八六至五五六年之間、中國北部爲一種來自東蒙古的外國皇朝所據、這就是中國載籍中的元魏、其都城先前久在山西、後遷河南、可是中國載籍尙保存此朝的土姓、而譯寫其音曰拓跋(T'hak-bat)這箇譯名、我們很難說他在何限度中代表鮮卑語的原名、漢語古音固較現代語言爲豐富、可是缺乏顎音收聲、（昔有 k, t, p, 而無 č 收聲）除開這些音聲欠缺同迷惑不定諸點外、我曾考究桃花石原來的根據、或者就是拓跋、其對音雖不精確、而有可能、就歷史方面言之、元魏佔領中國北部、而在中亞以土姓著名、遂使中亞的人概名中國爲拓跋、猶之後來佔據元魏舊壤的遼朝、種名契丹、中亞的人又以此名名中國的情形一樣、這也是意中必有之事。

註五　見長春眞人西遊記。

註六　今人皆以 Tabghač 爲一本名、可不能在突厥語中求其解(參照 W. Radloff, Tišastvustik, p. 71)但是在新疆回教徒職位中用 Tabghač 同 Tanghāğ 名稱之理、現在尙未闡明。

註七　參照希爾特撰暾欲谷碑考、(Nachwörte zur Inschrift des Tonjukuk, p. 35)。

註八　參考沙畹(Chavannes)撰西突厥史料、(Documents sur les Tou-kiue occidentaux, pp. 230, 246)因年代不合而不能考訂 Tabghač 爲唐朝、此說 Yule 在一八六六年早已言之、(Cathay and the way thither, I, LIII) 希爾特君未始不知、可未重視。

縱說桃花石是唐家、（此事我以爲不可能、）縱在六世紀一箇中國城名中求此桃花石、抑承認我的拓跋魏一說、皆可見中亞種族認識中國時代必定更早、則在桃花石名稱出現以前他們必定有一箇名稱中國的別一名稱、這箇別一名稱、沒有一種載籍直接昭示吾人、可是從幾種中國史家的記載、可以推想得到、在此處繞點灣子、我們就回到支那名稱發源的問題了。

現在我們對於我們所稱的Chine、同印度人所稱的支那(Cina)、皆屬同一名稱之說、意見一致、然若說到支那一名原在印度究何所指、意見就紛歧了、我以爲不論上溯到古代何時、印度人從未用支那以外的名稱指中國、註九 不過要知道這箇名稱從何地在何時到達印度、洛費君固持海道之說、並根據雅各比之說、將此名稱上溯到紀元前四世紀、但是歷史好像反對此說、中國國勢抵於廣東、僅始於紀元前三世紀下半葉中、在這箇時代毫未見有中國南部同印度洋通商的痕跡、到了紀元前一二八年、張騫初次闢道西域之時、在大夏(Bactriane)看見從印度運到的中國出品、可是這種出產是四川的竹杖同布、而運輸的道路、不是交廣的海道、乃是緬甸高原的陸道、印度人開始知道有中國、好像是從這條道路上得來的消息、若說此種消息在紀元前四世紀到達印度、其事非絕對的不可能因爲在此時代的楚國、同華夏雖不同出一源、然已在華夏軌道內活動、其民散布、且抵雲南、當時的交通雖然極不安定、然已足使東亞兩大文化彼此知聞、可是在實際上、毫無證明此事的憑據、若說這種最初交通是秦始皇統一中國的影響、到還近於事實、所以我仍舊以爲印度所識中國之名、就是這箇本國人所痛恨而足使其種族同國名之聲威遠達西北同南方的秦始皇朝代之名。

註九　至若西方載籍中之名稱、久已有人引證到 Périple 的 Thinai、同 Ptolémée 的 Sinae。

此說固然有些難題、第一箇就是時代的難題、不過這種難題之發生、必須要考訂 Kauṭilya 確爲 Kauṭilya 的撰述、但據我前此之說明、我的信用實不若洛費君之堅強、還有一箇難題、據列維(S. Lévi)君說、印度昔用支那名稱、以名雪山的種種部落、而這些部落不常屬中國人、列維君並擬撰一專文、註十可惜他迄未撰就、現在正是發表的時候了、如果支那的名稱首先適用的、誠非中國人、我們將尋究是否有兩種來源不同的名稱之混用、一箇支那是雪山諸部落浮移不定的稱呼、一箇是本於秦朝而適用於中國人的稱呼、現在我們祇能說支那是印度人稱中國人的唯一名稱、而亦爲中國人始終自認者、而且就歷史年代音聲等方面說、皆足證明支那與秦比對的舊說之是。

註十　見遠東法國學校校刊第五卷三〇五頁。

洛費君曾駁此說、以爲中國人雖在歷史中常用若干有名朝代的名稱、而自名曰漢人、或唐人、可未見有自名秦人的痕跡、我以爲不然、設若中國國名在秦始皇時代聞於印度、則其所聞者非前朝之名、當然是本朝之名、我從前曾引數證、說秦的名稱時常喚起中國人本國觀念、所以對其所聞印度稱呼的支那名稱、輒還原作秦、復次我以爲秦人之稱不僅在印度之支那名稱中存在、而且在別的方面存在、因爲有些新資料、所以使我決撰此文、我以前說過、在晚見的契丹同桃花石兩箇名稱出現以前、中亞應該認識另一箇指稱中國的名稱現在有兩條古史文使我想到其中留存的、也是秦朝的遺跡。

在漢代史文裏面、匈奴所稱的中國人、常曰漢人、當時中國譯人所譯中亞遊牧部落所用稱呼中國人的名稱、也是此名、前漢書卷九四上匈奴傳說、有個中國降人衞律獻策匈奴防備漢兵、此事在紀元前八三年或八二年、質言之、在秦亡後一百二十多年、漢書之文曰、「於是衞律爲單于謀、穿井築城、治樓以藏穀、與秦人守之、」這箇秦人名稱、初見之覺得很奇怪、八世紀顏師古注曰「秦時有人亡入匈奴者、今（質言之衞律獻策之時）其子孫尚號秦人、」顏師古的解說、不能使人相信、若說紀元前八二或八三年時、尚有秦亡一百多年後的秦人子孫、而當時匈奴尚名之曰秦人、似不足信、十九世紀徐松在漢書西域傳補注卷下所持之說不同、據說「以漢降匈奴者謂之秦人、」又據他補注的前後文、明白表示他的意思、是說漢時匈奴仍稱中國人曰秦人、所以漢朝降匈奴的衞律、稱中國人曰秦人、此說我以爲比顏師古說近眞。

前漢書卷九六西域傳有一條、說到匈奴、據說漢武帝時、（前一四〇至前八七）時常對匈奴用兵、紀元前九〇年、李廣利以軍降匈奴、武帝頗悔遠征、時有人上言屯田中亞、武帝下詔深陳既往之悔、大致說用兵匈奴之失敗、中有云、「匈奴縛馬前後足置城下、馳言秦人、我匄若馬、」此處的秦人、顯然不是亡入匈奴的秦人子孫、而是漢朝的漢人、此處的顏師古注、可沒有錯、據說、「謂中國人爲秦人、習故言也、」十三世紀胡三省的資治通鑑注說、「據漢時匈奴謂中國人爲秦人、至唐及國朝（元朝、）則謂中國爲漢、如漢人漢兒之類、皆習故而言、」可是秦人漢人兩稱、有一稱根本不同之點、中國人自稱、則曰漢人、至其所傳匈奴之語、則曰秦人、洛費君曾引佛經譯人將支那還原爲秦之例、此例同我們在此處所言者、亦甚相類、漢時的中國人聽見匈奴所稱之名、尙與秦字之音相近、當然作這種還原、由是我們可以想到這箇兩見漢書而由匈奴所稱的秦人、還原的方法不錯。則一百二十五年前聲威及於西北游牧部落同西南蠻夷的秦始皇帝之朝名、留傳於後之說、似乎可以主張。

如此看來、在匈奴同在印度最初見的中國名稱、皆出於秦、設若紀元前三百年印度名中國曰支那的事情、或有證明、世人所能想到的、也祗有秦始皇以前的秦國、此國在中國西北陝西省中、前幾年沙畹曾假定穆天子傳所言旅行中亞的人、不是紀元前十世紀的周穆王、而是紀元前七世紀的秦穆公、註十一 則在此處中國之名、因入中國境初見的一國國名、而流傳中亞、也有其可能、當時的秦國、好像不是中夏、而是中夏化的種族、則在此處與桃花石同契丹兩名流行中亞的情形相類、但是現在毫無使我們能夠上溯至此時的憑據、則此中國古名因秦始皇以傳之舊說、縱不能說他確實、也要說他近眞、註十二 在這種暫時結論之上、我們尙須靜待在羅布 (Lob) 古道中所得的幾種中亞語言文件、表現中國名稱成爲桃花石以前、而在紀元初年究用何種名稱、

註十一　見史記譯文第五册四八〇至四八九頁。

註十二　我在這篇文中務求其短、至若支那 (Čina) 同摩訶支那 (Mahāčina), Čin, Mačin 等名之判別、在歷史上固有其關係、而此判別存在之時間止於元代、然我以其對於名稱起源問題之解說、不能有所補助、還有兩種附帶問題、我雖未在此文中詳細研究、然而也要將他提出、紀元初年中亞所識之中國人、旣用本於秦朝之名稱、然則由此道傳佈的名稱、何以不是 Sinae 或 Thinae、而是 Sères 呢、有人考訂以爲 Sères 同絲的名稱有其關係、這一說大致爲人所承認、旣然 Sères 不是種名、則關涉不到中亞所稱中國人的眞正名稱、我也知道 Blochet 君在基督東方雜誌 Revue de l'orient chrétien, 1909, 71-74) 中所提出而在蒙古史第二册附編四六頁認爲正確之 Sères

同秦及大秦（Tyr, Syria）比對之說、此說中有誤解、討論起來很長、復次關係拓跋比對桃花石（Tabghač）的問題者、我們知道西夏自稱系出拓跋、這種自稱好像是沒有根據（參照沙畹撰「中亞之十碑」二〇五頁、）惟在定讞以前、應等待近幾年所得的西夏的文物審查以後、我們現在全不知道他將來或能表現的名稱。

補註一　此文付印之中、雅各比君對於別人所提出的 Kauṭilīya 眞僞同年代問題反駁之說、曾在柏林研究院會議錄中（Ueber die Echtheit des Kauṭilīya, 1912, p. 832-849）重撰一文、辯護其說、我覺得同一箇梵學名宿如雅各比君者詳細討論梵文考證，似乎不對，惟觀其大致理由、似乎薄弱、Kauṭilya 同 Bismarck 的比喻、可作兩解、可作正解、也可作反解、而且他的證明價值、仍然遊移不定、總之、在漢文考證方面、我以爲仍可維持余說、至若其餘的問題、則請印度學家同我們分別担任。

補註二　（鈞案此註見一九一三年通報、）史記卷一二三大宛列傳說、「宛城中新得秦人知穿井、」而前漢書卷六一李廣利傳相對之文、則改秦人爲漢人、可見史記是原稱、漢書是按照時宜而改的、又據 Gauthiot 來信說、西域的人名中國曰桃花石（Tabghač）以前、我們在斯坦因所得紀元初年康居語的文件中、見有一件上面名稱中國曰 Cynstn、此名顯是支那地(Čīnas-tān)之一種寫法、康居語大致在 -stān 中不著 ā 字、景教碑中寫法也一樣、也不著 a 字。

唐元時代中亞及東亞之基督教徒

Chrétiens d'Asie Centrale et d'Extrême-Orient.

一九一四年通報六二三至六四四頁　伯希和撰

伯希和這篇研究、一反從前所用的體例、不經見的地名人名未註一箇漢名、而使翻譯尤感困難者、所引之文概未注明出處、僅有幾條不關重要的附註、所以我的譯文、除開可以尋出原名同出處以外、無法還原者、仍錄原文、以待續考。

在好望角同新世界的通道發現以前、而印度洋南部同太平洋的新道尚未開闢的時候、中亞及東亞基督教的傳佈問題、從前已有許多考證家注意及此、顧這些地方基督教的歷史、除開十三世紀末年同十四世紀上半葉、若干雅各派 (jacobites) 同蔑兒乞(melkites) 的傳道會、與夫羅馬教會之曇花一現的傳教外、可以說是波斯的聶思脫里教會 (l'église néstorienne) 東漸的歷史、現在有些簇新材料、有的是出於中亞的、有些是從廣大漢文載籍檢出的、可使我們作一種前人夢想不到的一種範圍很大的調查、這些材料我想將他綜合起來、在伯希和調查團叢刊裏面、編成報告兩三册、可是必須長時間的整理、我想在一箇短篇研究之中、暫時將我尋究的若干結果發表其概略。

東亞同中亞第一箇傳道的人是聖脫馬（Saint Thomas）一說、我以爲無反駁之必要、又若在道藏裏面以爲見有七世紀前基督敎的痕跡一說、我以爲也是白費心思、至若基督敎影響大乘佛敎一說、問題較爲複雜、可是無論世人作何解釋、中亞（縱不然可以說是葱嶺以東）同東亞於紀元初數世紀間、這兩種宗敎影響之交換、毫無關係、更若在摩訶婆羅多書（Mahābhārata）關於 Çvetadvīpa 的傳說中、尋求一種熱海（Issïq-köl, Balkhaš）的基督敎、是無異同歷史背道而馳、其實根據載籍、五世紀初年時、祗有馬魯（Merv）同哈烈（Hérat）有聶斯脫里派的主敎區、好像基督敎不久稍往東北同東邊進行、但是有一箇根本要點是應該注意的、在波斯薩三王朝（Sassanides）滅亡以前、質言之在七世紀上半葉以前、毫無著錄康居（Transoxiane）地方有基督敎徒之文。

所以中亞東亞基督教歷史之發端可以七八一年長安建立的漢文敍利亞文景教碑爲起點、此碑記述從六三五年阿羅本至中國、迄於立碑時聶思脫里教會的歷史、此碑翻譯註釋之文甚多、好像考釋已盡、然而我以爲猶待考證之處尚多、我先要聲明的、我將來想首先解決拂菻的問題、用中國古讀同中亞的其他作品、證明拂菻就是業經考訂的 Rom。質言之、就是地中海東部、註一 現有一種新譯文、業已翻譯完竣、這篇新譯文屏除從前經承認的不少解釋、復次我想提出今茲以前無人提出之兩說、(一)、此碑發現的地方不在盩厔、而應在西安城西金勝寺內、質言之就在七世紀時阿羅本所居的大秦寺內、(二)此碑並非墓碑、乃是每年大會由景教一箇大施主建立的、此碑建立的人、就是碑文中的賜紫袈裟僧伊斯、此人就是此碑敍利亞刻文明言建立碑文的 Yazdbōzēd 之漢語音譯、漢文說他來自王舍之城、敍利亞文說他是吐火羅縛喝羅 (Balkh) 人、與唐代人的記述亦合、因爲唐時就視縛喝羅城爲小王舍城、復次碑文說「清節達娑、未聞斯美、白衣景士、今見其人、」這箇達娑 (tarsā) 的狹義、指的是修士、指的是宗教信徒 (rahib)、但是敍利亞文說他有子、則非修士、而爲白衣教士。

註一 參考一九一四年亞洲報 Journal Asiatique 三四月刊四九八至五〇〇頁。

景教碑以外、還有一部在敦煌發現的景教三威蒙度讚、這部經是讚揚三身、傳道者、豫言者、使徒、諸聖的經文、後附八世紀末年漢譯的景教經目多種、這些經文的譯人、多半是撰景教碑文的法師景淨(Adam)、此外我們業已知道景淨曾經參加過六波羅蜜(pāramitā)的佛經譯場、我將來擬將關於這件奇事的一切史料裒輯考證。

此外尚須加入的、幾件參證西安景教碑的詔敕、八四五年禁斷外國宗教的詔敕、當時地理著作中的幾條記載、還有一條關係四川成都景教寺的晚見記載、同道藏裏面彌施訶(Messie)更較晚見的名稱中國載籍中關於唐代聶思脫里教會的記載、大致祇此、我們可以再將大食(Arabes)旅行家同地理家的幾段記載、取來補充中國的載籍、尤注意 Fihrist 所載關於 Najran 修士之說、自紀元一千年時始、中國本部遂無聶思脫里教會。

可是聶思脫里教在中亞仍舊存在、我們對於此點、今有不少材料可供參考、首有我們德國的同僚在吐魯番所得的文件、這些文件祇有一部份業經刊佈、次有七河(Semirečе)同伊犁聶思脫里教墳園四所的碑文、現在可以將其爲充分之譯釋、註二 這些碑文大致是一二〇〇至一三六〇年間之物、又有關於中亞基督教部落的史料、

註二 參考一九一四年亞洲報三四月刊四九七至四九八頁、碑文中的 Tāp Tärim 就是在成吉思汗歷史中執有一種很大任務的巫者 Tāp Tängri、這些碑文說天山之北昌八里（一作彰八里 Čam-baliq）也有一箇基督教的團體。

這些部落中的兩箇主要部落、就是克烈部（一作怯烈 Keräit）同汪古部（一作雍古 Öngüt）Bar Hebraeus 的一條有名記載、說克烈王同他的部落歸依基督教之時、事在十一世紀初年、這條記載是不錯的、因爲後來的克烈部人常是些基督教徒、有箇克烈王名 Marghuz、有人疑惑這箇名字不是基督教名 Markus(Marc)、這種疑惑是不對的、不但此名是基督教名、他的兒子名字 Qurjaquz、也是聶思脫

里敎徒最流行的 Cyriacus、不過用突厥語的讀法 Quriaqus 變了一下、約翰 Jean 長老的著名故事如何發源、我不能在此處談到這件問題、可是這件故事在十三世紀上半葉、卽適用於克烈人、好像皆是基督敎徒、縱若不然也有一大部份、又考基督敎之所以傳佈到成吉思汗的家庭、乃因其與克烈王女通婚、蒙哥汗（Män-gü, Möngkä）忽必烈汗（Khubilaï）旭烈兀（Ülägü, Hülägü）三人的母親唆魯忽帖尼（Soyorghakhtani-bägi）、也就是卜朗加賓（Plan Carpin）行記中的 Seroctan 卽是克烈部的一箇王女、汪 Ong-khan 汗的一箇姪女、拖雷（Tuluï）之妃、（歿於一二五二年、）此外汪汗的一箇孫女、初爲拖雷記名之妾、後爲旭烈兀之妻、關於這些克烈王女者、有若干新史文應該研究。

成吉思汗時代有不少基督敎徒、尤其是克烈部的基督敎徒、曾爲蒙古皇帝的有名侍臣、其中最有名的、就是鎭海（Čïnqaï）回敎的載籍常誤以之爲迴紇人、（一作畏吾兒 Ouigour）、其實他是克烈部人、曾在蒙古屯田、在一二二一至一二二四年間曾偕長春眞人丘處機應成吉思汗之召從中國東部到阿母河（Oxus）、成吉思汗問道於丘處機時、這箇基督敎徒鎭海卽在帝側、註三 蒙古初建國時、鎭海同契丹人耶律楚材在行政方面任務很重、凡是皇帝聖旨、未經鎭海用迴紇文副署、不能公佈於中國北方、有一件一二三五年窩闊台汗（Ögödäi）的聖旨中有一行不得其解者、大約竟是他的副署、卜朗加賓曾識其人、後來因爲他同基督敎徒 Qadaq（並見卜朗加賓著錄）不附蒙哥汗而被殺、鎭海的後人終元之世皆在做官、鎭海的三箇兒子皆用基督敎名、一名要束木（Joseph）、一名勃古思（Bacchus）、一名闊里吉思（Georges）。

註三　鈞案見長春眞人西遊記。

反對蒙哥汗的雖然是基督敎徒鎭海同 Qadaq、可是蒙哥汗的母親是基督敎徒、他不因此虐待基督敎、他的重要近臣博剌海（Bolghai）也是一箇基督敎徒、我們根據盧布魯克（Guillaume de Rubrouck）的行記、知道一二五四年時、博剌海人在和林（Karakorum）、其人並見中國載籍著錄、他是克烈部的一箇世家閥閱、他家在十三四世紀時出了不少名人、當一二五五同一二五六年蒙哥汗召集僧道在和林辯論時、蒙哥汗曾以諸教喩手之五指、又引用過有名的鏡面（Ādarçamukha）王緣、前一故事他在一二五四年時曾對盧布魯克引用過、一二五五同一二五六年僧道辯論時、在場證義的、就有這箇基督教徒博剌海、註四 後來因爲他附和忽必烈汗的兄弟阿里不哥（Ariqböga）、而在一二六四年被殺、可是他的後人被赦。

註四　鈞案見辯僞錄卷四。

克烈部的居地必在蒙古北部、可是不能確定其所在、至若別一信仰基督教的大部落汪古部、我們則知道他的居地在黃河河套北邊、從前中國本部同蒙古交通的地方、這箇部落、中國人常名之曰白達達部、可是汪古部的名稱亦見史書著錄、中亞地方的人則名此地曰天德、這就是唐代的古名留存而未變的、也就是馬可波羅（Marco Polo）行紀中的 Tenduc、我們後來說到闊里吉思王的時候、還要說他。

汪古部有一部份人從前曾遷到甘肅南部之臨洮、十二世紀初年、被金兵擄至遼東、金太宗出獵、恍惚見金人、這一部汪古部人因取畫像進之、太宗甚喜、乃赦其種人爲平民、復遷到黃河北方的靜州、十三世紀初年、這部份人中的一大族、就是馬慶祥代表的一族、他的受洗的名字就是習里吉斯（Sargis）、此人金史（卷一二四）有傳、元好問文集中並有他的神道碑、註五 碑文說他的祖父名叫迭木兒越哥（Tämir-ügäi）父名把騷馬也里黜（Bar-Çauma Eliśo 鈞案馬祖常的月合乃神道碑作把造馬野禮屬）十四世紀的一箇著名文學家馬祖常也是一箇汪古部人、他就是習里吉斯（鈞案月合乃碑作錫禮吉思即馬慶祥）的玄孫月合乃（Yohanan）的曾孫、馬祖常所撰禮部尚書馬公神道碑（月合乃碑）頗爲重要、因爲裏面有若干聶思脫里派習用的基督教名、如審温（Simeon）、闊里吉斯（Georges）、保六賜（Paulus）、岳難（Johanan, Jean）、雅古（Yakub, Jacques）、天合（Denha）、易朔（Yiso, Jésus）、祿合（Luc）之類、雅古在元史裏面且說是一箇基督教徒、馬祖常的文集現在尚存、註六 可是無近代的刻本、所以我們現在暫時不能檢閱。

註五 鈞案恆州刺史馬君神道碑見元好問遺山集。

註六 鈞案禮部尚書馬公神道碑見馬祖常的石田集、同元文類。

可是這些信仰基督教的汪古部人、他書亦見著錄、列班騷馬（Rabban Çauma）、馬可波羅(Marco Polo)、孟帖戈文諾(Jean de Monte-Corvino)、鄂多利克 (Odoric de pordenone) 諸人的信札行紀撰述、皆曾說到他們、復次中國同波斯的史籍所供給的汪古王族的史料、頗爲詳細。

當成吉思汗同乃蠻部 (Naiman) 爭戰之時、汪古部的首領名叫阿剌兀思剔吉忽里(Alaquš-tägin-quli)、他有兩箇兒子、長子不顏昔班 (Buyan Šiban)、幼子孛要合、孛要合的妻子是成吉思汗的女兒阿剌海別吉公主(Alaghai bägi)、到了十三世紀上半葉汪古部內部爭立、由是分裂、當時在裏面執有一種重要任務的、就是阿剌兀思剔吉忽里的從子鎭國(拉史烏丁 Rachid-ud-Din 蒙古史中的 Čingê)、同鎭國的兒子、拖雷的女壻聶古解 (Näküdäi)、註七 孛要合有子三人、一箇名君不花 (Kün-buqa)、他的妻子就是貴由汗 (Küyük) 的女兒葉里迷失 (Yelmiš)、君不花的兒子名叫囊家台 Nangkiadai、喬 (鈞案閻復高唐忠獻王碑作丘) 鄰察 (Külinčäk)、安童、孛要合第二箇兒子名愛不花 (Ai-buqa)、他的妻子是忽必烈汗的女兒月烈 (Yüräk, üräk)、他們的兒子名叫闊里吉思 (Georges)、也先海迷失

(Asan-qaimis) 阿里八斛(albadai)、朮忽難(juhanan, Yohanan, Jean,)、孛要合第三箇兒子名叫拙里不花(Čoligh-buqa)、拙里不花的兒子名火思丹、闊里吉思的妻子先是眞金(Činkim)的女兒忽答迭迷失(Qutadmiš)、後是鐵木耳完者篤汗(Tämür-Oljaitu)的女兒愛牙失里當一二九八年闊里吉思死的時候、他留下一箇兒子名叫朮安(Giovanni, Jean)、年紀很幼、(鈞案以上諸名除元史著錄外並見元文類卷二十三駙馬高唐忠獻王碑。)

註七　拉史烏丁說到這一部汪古部歷史的時候、有箇 Kändik 名字、似要改作 Tändik、(天德)

十三世紀上半葉中、有一箇聶思脫里敎徒、名叫昔班(Šiban)、他是汗八里(Khan-baliq 現在的北京)敎會的視察員、同他的妻子 Qiamta 生了一箇兒子、名叫騷馬 Çauma 入敎以後、當時的人大致稱他作列班騷馬(Rabban Cauma)、列班就是長老之稱、他隱在北京附近山中的時候、有一箇離北京西邊十幾日路程的 Košang 城大輔敎(archidiacre)名喚 Bainiel 的兒子 Markus、來約他同去巡歷聖地、列班騷馬乃同他從北京動身、先到 Košang 城、此處的總管君不花(Kün-buqa)同愛不花（Aï-buqa）、將他們傳到營帳裏問話、這兩箇總管皆是基督教徒、並是大汗（原文未言忽必烈）的女壻、嗣後這兩箇巡歷的人、又從唐古特（Tangut 寧夏）到和闐（Khotan）、當時的和闐王名叫 Aluqu、後來到了巴比倫（Babylonie）、末了 Markus 被選爲聶思脫里教的總主教、而名 Mar Yahbalaha III、他的同伴列班騷馬、被任爲唐古特同汪古地方的主教、他在一二八七年並奉派到過羅馬巴黎現在暫時不說 Košang 爲今之何地、他們所見的君不花同愛不花當然是汪古部信奉基督教的部王、闊里吉思王的伯父同父親、Košang 城不是他們的駐所、可是他們的營帳距城不遠、這箇生在 Košang 城的 Markus、實在不是一箇迴紇人、而是一箇汪古部人、至若列班騷馬掌教的唐古特同汪古教區、顯然就是寧夏同汪古部的居地。

這兩箇巡歷人西行後幾年、馬可波羅就從這條道上東來、也從和闐到甘肅、復經行、寧夏天德（Tendut 質言之汪古部的居地）到中國北部、此時約翰長老的故事又、變當時的克烈部落業經分散、馬可波羅遂視天德地方的闊里吉思王是約翰長老

的後人、註八所以幾年前還有人誤以闊里吉思王是一箇克烈部人、

註八　此約翰長老之名、當時中國人或者已經聽見、因爲有一條十三世紀下半葉的記載、說西域有一國的國王皆是和尙。

闊里吉思王的名字、後又見於孟帖戈文諾的信札著錄、據說他將他從聶思脫里敎改從羅馬敎、此王在其駐地爲他建了一所教堂、其地距北京有二十天的行程、他又說在一三〇五年時、不幸闊里吉思王死了已有六年、而留下一箇兒子年歲很幼、他行洗禮時、乃命名曰約翰(Jean, Giovanni.)、表示這箇王子同孟帖戈文諾同名、案闊里吉思王在一二九八年時死於蒙古、實在留下一箇幼年兒子名叫朮安(Giovanni)、俄國修道院長 Palladius 在四十年前曾經考訂過、說馬可波羅的闊里吉思王、就是一二九八年被殺的汪古部闊里吉思王、此點毫無可疑、可是尙未得一致之承認、此事很奇、波斯的史家也曾說到汪古部王闊里吉思之死、而名其王曰 Körgüz 或 Görgüz、世人枉費功夫在這箇名字上尋些奇怪的解釋、其實這箇 Körgüz 或 Görgüz 的名稱、就是從 Giwargis(Georges) 的名稱轉爲突厥同蒙

古語的、也是闊里吉思的一種寫法、十三世紀上半葉鎮海的一箇朋友、「迴紇人」名 Körgüz 或 Görgüz、而在波斯執有大權的、或者也是一箇基督教徒、而亞美利亞 Arménie 的史家所著錄 Čarmaghan 的姻兄弟 Gorgoz、必是一箇基督教徒無疑。

一三二五年鄂多利克（Odoric de Pordenone）經行汪古部的時候、他也視其地爲約翰長老之國、而名其城曰 Tozan 或 Cozan 城、Jean Le Long 的法文譯本名其地曰 Penthexoire、若視此 Penthexoire 之名不誤、則應同 Yule 承認其前半隱有 Tändük（天德）之名、其全名好像是 Tändük-gorighï、此言天德封地或天德營帳是已、此地就是歸化城到河套北岸一帶、至若 Tozan 或 Cozan 城、必是列班騷馬的 Košang 城、比較起來、好像 Cozan 的寫法不錯、可是在元朝時、似乎沒有這個地名、又一方面、我們知道列班騷馬的紀事有敍利亞譯文以前、先有波斯譯文、顧波斯文中 t 同 k 兩字很易相混、Rockhill 業已想到天德（Tendue）城同列班騷馬鄂多利克二人所言之城、應該就是現在河套東北角的托克托（Tokhto）

縣治現在的托克托城好像就是元朝的東勝城、由是我以爲 Košang 就是 Tošang 之訛、而這箇 Tošang 就是東勝的對音、應視鄂多利克的 Tozan 寫法不錯、這些對於汪古部同闊里吉思王的考證、還可發揮、並還應發揮、可是暫時已足駁正誤解十三四世紀中亞歷史之謬說而有餘、設若世人對於西方旅行家的闊里吉思王卽是汪古部的闊里吉思王一說尙有懷疑、再取兩種文件比較、不難釋其疑惑、Pognon 曾在敍利亞看見一本一二九八年爲 Sarah 寫的敍利亞文福音書、這箇 Sarah 土名叫作 Arä'ol、他是汪古部基督敎王闊里吉思之妹、敍利亞文的汪古寫作 Öngäyê、有人想將此名改作 Ouryangiya、其實用不着改、因爲汪古原名單數作 Öng 多數作 Öngüt 敍利亞語名乃是從單數名稱轉出的、又一方面我們現有十四世紀初年閻復所撰的闊里吉思王碑文、註九 碑中列舉闊里吉思王的兄弟姊妹、其中實在有一人名叫葉里彎 (Arä'ol)。

註九　鈞案卽元文類卷二三駙馬高唐忠獻王碑。

但是當時的基督敎、似不僅僅流行於克烈同汪古兩部、我們知道一二八七年時忽必烈汗曾討宗王乃顏（Nayan）、馬可波羅曾說乃顏同他的不少屬部皆是基督敎徒、顧乃顏的封地在東蒙古同滿洲一部份之內、Pozdneev 曾在其地發現一碑、其題年就在忽必烈一役之後、碑文說乃顏背了佛法、還有一條史文、我以爲可在此處引證、乃顏敗後、忽必烈曾將附合乃顏的黨徒謫到浙江、他們覺得不服水土、請求當地長官將他們遷往別處、長官告他們說、「汝輩自尋一箇不死人的田地、當爲汝遷之」（鈞案語見輟耕錄卷二）觀其語氣、好像乃顏之黨所信奉的是基督敎所視爲的一種異端宗敎。

蒙古帝國裏面的基督敎徒名曰 tarsa、而又常名曰 ärkägün、前一箇名稱就是景敎碑中的達娑、也就是丘處機西遊記中的迭屑、後一箇名稱就是中國載籍中的也里可溫、蒙古時代的波斯史家大致稱基督敎徒曰迭屑、可是同時又因迴紇地方有不少基督敎徒、遂將迭屑同迴紇二名相混、所以一方面波斯同亞美利亞的史家、謂實爲克烈部人的鎭海、或爲汪古部人的 Mar Yahbalaha III、是迴紇人、因爲他們是基督敎徒、所以有此混解、又一方面亞美利亞史家 Heytoum 名迴紇地方曰迭屑國（royauma de Tharse）而在孟帖戈文諸的信札中所言之迭屑文（litterae tarsicae）就是迴紇文、至若也里可温名稱的起源、頗爲曖昧不明、要將種種解說拿來審查、勢須作一種很長的討論、我在此處實無暇爲之。

蒙古帝國中的基督教徒、同其他各教教徒、取得蠲免賦稅聖旨之時、必在成吉思汗時代、縱不然也在他的繼承人的時候、可是專設一種特別機關名叫崇福司、而管理基督教之時、則在一二八九年忽必烈汗在位之時、這一條史文迄今尚未有人解釋完善、其文曰、「崇福司秩三品、掌領馬兒哈昔列班也里可温十字寺祭享等事、」

註十　案馬兒哈昔是 mār-hasiā 的對音、列班也里可温是 rabban-ärkägün 的對音、列班也里可温指的是長老同修士、馬兒哈昔指的是主教、考一四〇二或一四〇三年帖木耳（Tamerlan）致 Charles V 的國書、其中的孫丹尼牙大主教約翰、卽作 juvān mār-hasiā-i Sulṭāniyah、至順鎮江志所保存的大興國寺記中有馬里哈昔牙、也就是此名的別譯、一二八九年所設的崇福司、到了一三一五年、改爲院、「省併天下也里可温掌教司七十二所、」這些掌教司恐怕不是主教區、而這箇數目或者是出於臆想。

註十　鈞案見元史卷八九百官志。

馬可波羅說有一箇鎭江總管馬薛里吉思 Mar Sargis 在鎭江建了幾箇敎堂、Palladius 首在俞希魯的鎭江志發現了若干證明馬可波羅行紀的材料、這些材料迄今祇有人利用其一部份、註十一 我們應該特別尋究馬薛里吉思在揚子江下流所建的七座道院或忽木剌(hunra)、確在甚麼地方、這些道院用的是突厥文同漢文的名稱、迄今祇有鄂多利克著錄揚州有弗郎西士派(franciscain)的道院一所、聶思脫里派的道院三所、我已尋着關於其中一箇聶思脫里道院之一三一七年的一道聖旨、註十二 此院似在十三世紀末年爲一富商名奧剌憨(Abraham)者所建。

註十一　此文付印之時、我接到 A. C. Moule 研究鎭江志之文、此君所知中國古基督教的情形頗爲詳細、其文行將在通報中刊布、　鈞案見一九一五年刊。)

註十二　鈞案其文見元典章卷三十六。

我在元史同元代的其他撰述中、檢出不少關於 Georges, Jean, Marc, Serge, Denha, Pierre, 等基督教名的文字、可是太多、就是節錄其文也超過本篇的範圍、將來擬在我的書中裒譯。

元朝很歡迎外國人、並知道利用不生於本國的基督教徒、可是迄今在中國載籍中、毫未見有關於馬可波羅的記錄、此事很奇、祇見一長篇叙述另一箇來仕元朝的西方基督教徒、此人名叫愛薛。

愛薛仕元、始於十三世紀上半葉、當時他的年紀必定不大、因爲他死的時候、最早應在一三一二年、元史說他是拂菻人、有人因謂其爲東羅馬人、可是拂菻舊名、在十三世紀時、祇能在舊文中引用、此處的拂菻、應該是富浪 (Falang, Farang, Franc,) 的對音、如此看來、愛薛是富浪人、二十年前有人說他是十三世紀末年若干教廷信札中的 (Isol le Pisan) 這種考訂絕對非是、愛薛祖和父的名字、是些阿剌伯的基督教名、他的兒子們的名字、則是些聶思脫里教中習用的名字、我可以確定他是生在叙利亞西部的一箇操阿剌伯語的基督教徒、這箇愛薛的名字、並見舊和林的一元代漢文碑著錄其原名不難考見、拉史烏丁蒙古史中有一條說到「譯人 Isā 」(Isā Kälämči) 說此人是仕於忽必烈汗的一箇基督教徒、並是建議反對回教之人、註十三 拉史烏丁節錄了關於此事的一段聖旨、我們現在運氣很好、得見聖旨原文、這就是一二七九年的一道聖旨其內容完全與波斯史家的記載相符、顧愛薛卽是 Isā (Isā, Jésus) 的正確譯法、則此名必爲愛薛之原名無疑。

註十三　此條見 Blochet 所刊行的拉史烏丁本、(第二冊五二一至五二二頁。)

可是中國載籍對於這件問題尚許作其他比較、有人考出愛薛曾被忽必烈汗派到波斯去見阿魯渾王 (Arghun) 然不能指出他的奉使年代、顧有一條中國史文說愛薛同孛羅丞相同使波斯、阿魯渾王對於孛羅勞賞備至、而愛薛則反冒危險、兩年後才回中國、忽必烈因此說「孛羅生吾土、食吾祿、而安於彼、愛薛生於彼、家於彼、而忠於我、相去何遠耶、」(鈞案語見程鉅夫雪樓集卷五拂林忠獻王神道碑)這箇孛羅丞相、不難知爲何人、他就是由中國奉使到波斯不歸本國的 Bolod čingsang (Pulad čingsang)、也就是告訴拉史烏丁蒙古事物的主要人物、但是我們知道孛羅丞相是在一二八五年到波斯的、史中說他的主要同件名叫 Ali Kälämči、（參考 Blochet 蒙古史緒說二三〇頁）似應改作 Isä Kälämči、總而言之愛薛同孛羅在一二八五年到波斯是無疑的、考教廷檔案現藏有一二八五年阿魯渾王致教皇的國書一件、其拉丁文極不規則、國書說大汗有一箇使臣名叫 Ise terchiman 的到了波斯、案 terchiman 卽 tärjümän）此言譯人、就是蒙古語 Kälämči 的阿剌伯語相對之稱、如此看來中國載籍的愛薛、就是拉史烏丁的 Isä Kälämči、也就是一二八五年波斯王致教皇國書中的 Ise terchiman、愛薛的家族在十四世紀上半葉中、仍舊繼續在中國執有一種任務、其中有一箇人名叫 Denha 者、就是一三四〇年重修鎭江府志的一人。

十世紀初年孟帖戈文諾所掌新設的北京大主教區中的信徒、有應該特別注意的、就是信仰基督教的阿蘭人（Alains）、當時亦稱爲阿速（As）、這些阿速人是在十三世紀上半葉從高加索（Caucase）遷徙來的、他們現在的代表、就是 Ossètes、阿速曾作皇帝的衞士、他們的重要人物、元史中皆有傳。註十四註十四　Ivanov 君曾將這些列傳完全裒譯、現在印刷中。

阿蘭人信仰基督教、馬可波羅行紀叙述常州一段裏面曾經證明、據說一二七五年伯顏(Bayan)侵宋一役、命信仰基督教的阿蘭人攻取常州、攻取以後、見城中的酒甚佳、飲之大醉、居民乘其醉聚而殺之、伯顏大怒、重取其城、屠其居民、註釋這段馬可波羅行紀的人、未在中國史書裏面尋着互證、此事也不足奇、因爲馬可波羅將城名記錯了、殺阿蘭人的地方、不是揚子江南的常州、乃是揚子江北的鎮巢、當時知鎮巢軍的宋將名叫洪福、他詐降、將阿蘭人灌醉、聚而殺之、死於此役的阿蘭首領有幾箇人我們現在還知道他的名稱、元朝因此廢鎮巢軍、而將此城的降戶分給阿蘭被害人的家屬、常州同鎮巢讀音有些相類、馬可波羅必定因此發生誤會。

這些居留北京的阿蘭人、別有一件西方的材料可以考見、一三三六年時、他們曾上書教皇說孟帖戈文諾死有數年、汗八里大主教區久無主教、請速派人接充、這封信署名的人有 Fodim Iovens（福定）Chyansam Tongi（香山）Chemboga Vensii（者燕不花）Ioanne; Yochoy 諸名、Yule 以爲這些人名皆是出於臆造、其實不然、祗要檢閱元史、就可以知道一三三六年時北京阿蘭王族的代表名稱福定、此外還有兩家大族的首領、名叫香山同者燕不花(Jayan-buqa)。後來繼孟帖戈文諾作汗八里大主教的、實未有人、可是有一箇羅馬教會的最後代表、教廷大使馬利諾里 Jean de Marignolli、曾住過北京、曾在一三四二年八月十九日謁見過蒙古皇帝、關於這件事、我曾搜輯了若干材料、其中以關於馬利諾里用教皇名義進獻的那匹西方大馬之文爲最多、當時蒙古皇帝曾命諸文臣作了些贊頌詩歌以贊美之、又命畫家周朗畫了一幀皇帝騎天馬圖、這一幀天馬圖、到了十八世紀時、宋君榮(Gaubil)神甫曾在宮中見過、我尋這幀天馬圖的蹤跡、一直到一八一五年爲止、此年調查內府藏畫、尙有此圖、後來或者燬於一八六〇年圓明園之火、然而仍在故宮博物院收藏、也有其可能。

這種十三四世紀的東亞基督教、大致可以說不是漢人之基督教、而爲阿蘭人突厥人之基督教、或者還有少數眞正蒙古人信仰此教、所以在一三六八年時偕元朝而俱亡、一六〇〇年利瑪竇(Ricci)神甫到北京時、基督教幾已全滅、即在蒙古本部、基督教的信徒逐漸爲喇嘛教所征服、中亞的蒙古部落、好多未經詳細研究、現在很難說與其他蒙古部落完全相類的汪古部落、(Öngüt, Öngüt) 現在是否還留存從前所信仰基督教的遺蹟、克烈部的着落、大致也不甚明瞭、至若阿蘭或阿速、或者就是明朝時代在蒙古史中執有一定任務的 Asot 或 Asod、這箇名稱、恐怕就是蒙古語阿速（AS）的複數名稱。

中亞同東亞現存元代基督敎物質上的遺證甚少、七河同伊犁的墳園、就是我們最好的參考資料、還有墳園一所、在東蒙古、前經 Brabander 神甫發現、迄今尙未有人作充分的研究、至若所謂臨淸元代基督敎遺蹟之發現、必是出於一種誤會。聞 Florence 城的 Laurentienne 圖書館藏有一部從前耶穌會人 (Jésuites) 在十六世紀發現的拉丁文聖經、然而還未有人見着、Grenard 君前在和闐買了一座蒙古時代的十字架、上有希臘文、Devéria 君以爲下有漢文、其實非是、又若十七世紀上半葉發現的那些石十字架、現在僅見其圖、而不見其物、不能必其爲眞、可是 Arnaiz 神甫最近在泉州又發現了一座、我的朋友 Georges Leconte 曾將照像寄我、這一件很奇異的作物、在來源上發生了些疑難問題。

這篇對於中亞同東亞古基督教的簡單說明、我不能說曾將所提出的種種問題完全說到、我曾故意將許多世人已識的事實丟開、僅著錄我以為在我的結論中應有的新事、此項調查距完成之時尚遠、若有僚友更有所啓發、使我再能發揮、我將感激不已云。

馬可波羅行紀沙海昂譯註正誤

一九二七同一九二八年合刊通報一五六至一六九頁　伯希和撰

此書註一在些困難境況裏面表示一種很大的努力、我未始不想作些好評、可是首先免不了說、他的成績好像不能適應他所費的辛苦、一箇住在北京有志研究的人、而以頗羯(Pauthier)刊本為研究之起點者、雖然加增了 Ramusio 刊本的若干專章、我們當然不能期待他在法文方面成為一種有鑑識的刊本、也不能期待他在西方材料裏面採取一種新異的註釋、可是中國史料在不少章節裏面可以供給一種豐富而簇新的註解、看沙海昂(Charignon)君此本的標題、好像他想在此方面着手、不過細審此書、頗令人失望、現在姑不問將來出版而研究中國東南部同印度洋的第三冊內容如何、暫就已出版的頭兩冊說、註二他對於馬可波羅(Marco Polo)在忽必烈(Khubilai)宮庭所執之任務、我以為其見解錯誤。

註一　鈞案此本馬可波羅書(Le livre de Marco Polo)標題很長、在北平那世寶(Nachbaur)書店出版、全書三册現已出全。

註二　第二册止於玉耳戈節（Yule-Cordier）刊本第二册一三一頁至若爭持未決的襄陽治所問題、同記述杭州的註釋、沙海昂君皆在第三册裏面研究。

一八六五年時、頗羯以爲馬可波羅就是一二七七年四月二日見諸任命的樞密副使孛羅、（元史卷九）也就是一二八二年阿合馬（Ahmad）被殺後奉命討亂的樞密副使孛羅、（元史卷二〇五）他以此爲起點、遂將此人的漢文名字官位題在他的刊本封面、註三 玉耳（玉耳戈節刊本第一册二一頁及四二二頁）曾經採用頗羯的考訂、可是巴克爾（Parker）在一九〇四年曾說一二七七年的孛羅不得爲馬可波羅、我曾引拉史烏丁（Rašīdu-d-Dīn）蒙古史的一段、證明中國史書所誌參加阿合馬案件的孛羅、也不是馬可波羅、巴克爾同我的考證、業由戈節轉載於他在一九二〇年刊布的馬可波羅行紀補考（Ser Marco Polo, Notes and Addenda）五頁至八頁之中。

註三　頗羯寫作博羅、可是元史皆作孛羅。乾隆改作博囉。）

雖然如此、沙海昂君仍舊援用頗羯所採用的對稱、並且根據張星烺君的一篇研究、加了不少、張君的研究在一雜誌裏面、而此雜誌在巴黎未能覓得一本、可是案照沙海昂君所引的那些條看起來、好像此君沒有使人信任的價値、現在置此不言、姑就沙海昂君本人的立論來說、取其緒說（三至四頁）的一段審之、可以見其一斑。據說「比方世人讀拉史烏丁的序文一段、說他修史之時、很得一箇名 Polo 的輔助、此人來自中國(Cathay)曾作大元帥(généralissime)同丞相、世人對於這段記載很迷離不明、……案馬可波羅居留西方之時、曾留住波斯宮廷、必曾見過拉史烏丁、祇取其所記東方韃靼歷史諸篇看起來、其細節同拉史烏丁所記很符合、他二人必曾相見無疑、由年代的比較、似又可參證 Polo 曾爲拉史烏丁合撰人之說、……總之、拉史烏丁所誌此 Polo 丞相之大元帥的官號、尤足使人想到他是元史樞密副使的對稱、元朝祇有皇太子能作樞密使、若是再考此人參與阿合馬案件的情形、同馬可波羅自承參與此事的記載、頗羯所考馬可波羅卽是元史樞密副使孛羅之說、尤可證明其爲事實。」

「又若馬可波羅所記忽必烈討伐蒙古諸叛王的事蹟、同諸叛王之互相爭戰、表示他完全知悉他們的爭端、他們的兵額、要是說他在軍職中未佔一故重要位置、而能得到這些消息、未免甚奇。若是說他在預備遠征日本一役裏面未曾畫策。日本人決不能將他視作忽必烈征伐日本計畫的主謀。現在祇說事實、當馬可波羅被任為揚州總管(gouverneur général)繼續在職三年之時、就在忽必烈遠征日本失敗預備報復之際、……馬可波羅在建設近代地理一方面、已經是他的母國 Venise 自豪的人、並是西方的光榮、將來恐漸為中國所爭奪……等待數百年後、他的名字將與(Homère, Hérodote,)孔子諸大有恩於人類之人並垂不朽。」

沙海昂君後在第二冊(六七至七〇頁)裏面、重提一二七七年同一二八二年的孛羅就是馬可波羅之考訂、可是他忘記了從前在緒說裏面所持相反之說、而主張拉史烏丁的 Polo 丞相、不是馬可波羅。

上面這一段話裏面的一些理論、無一可取、關於告訴拉史烏丁蒙古史事的人者、其事完全明瞭、沙海昂必是從洪鈞(一八三九至一八九三)節譯文中、才知道拉史烏丁的蒙古史、甚至多松（d' Ohsson）的譯本也是從中國譯文中認識的、所以他以爲拉史烏丁所記幫他撰蒙古史的人名叫 Polo 丞相、其實拉史烏丁的原文是 Cingsang Pulad、前一字固是丞相二字的對音、後一字是波斯文的寫法、他的意義就是「鋼、」蒙古文的寫法作 Bolod、愛薛(Isa, Jesus)本傳註四所言一二八五年出使波斯不回中國的丞相孛羅、必是拉史烏丁的 Pulad(Bolod) 無疑、這箇 Bolod 是一箇純粹蒙古人、是一箇朶魯班 (Dörbän 就是現在的杜爾伯特 Dörbet 或 Dorbot) 部落的人、註五 如此看來、此人與馬可波羅毫無關係、由是沙海昂君以爲所謂 Polo 的大元帥官號、而經他列入標題之內者、不成問題。註六

註四　鈞案程鉅夫雪樓集卷五拂林忠獻王神道碑、所言比較元史卷一三四愛薛傳爲詳。

註五　我在一九一四年通報六四〇頁業已略言此事。

註六　且此大元帥官號並未爲此波斯史家所著錄、沙海昂君必係取材於現代中國譯文、此外還有若干誤會、比方他在第二册六九頁說、Haitum 曾云「孛羅丞相未詳爲何許人」、其實此人記載中無此語、此類誤會不是出於中國譯者、必是出於沙海昂君本人。

關於一二七七年四月二日任爲樞密副使的孛羅、證以巴克爾所引諸文、可見他就是一二七〇年同一二七五年春天見諸任命的同一人、這箇一二七〇年就可以證明其非馬可波羅。

賸下來的、就是參加阿合馬案件的樞密副使孛羅、諸鈔本中說阿合馬被殺時、馬可波羅適在大都者、祗有 Ramusio 死後在一五五九年刊布的那部鈔本、可是此語不能證明他參加此案、巴克爾在一九〇四年曾說、雖然沒有絕對反證一二八二年的樞密副使孛羅同馬可波羅同爲一人的證據、惟看官號之相同、可以假定這箇孛羅、就是一二七七年的孛羅、而這箇一二七七年的孛羅、決不是馬可波羅、我交給戈節那段考證、而經他在一九二〇年載入他的「補考」之內者、我曾爲更進一部的說明、因爲根據拉史烏丁的記載、(布洛賽 Blochet 刊本第二冊五一八頁)忽必烈派往大都平亂的二人中之一人、名稱 Pulad aqa、別言之此人所執之任務、同元史中樞密副使孛羅所執的任務一樣、我從前曾說這箇 Pulad aqa 就是 Pulad (Bolod) 丞相、如此看來、這箇以蒙古事告訴拉史烏丁的 Bolod、就是頗羯誤考

訂爲馬可波羅之一二八二年的孛羅

沙海昂君看見過戈節補考中我的考證、以爲就算拉史烏丁說 Polo 丞相參加過阿合馬案件、也要將一二八五年到波斯的 Pulad(Bolod) 同中國史文中一二八二年的孛羅判爲兩人、這種判別我實在難解、若是他以爲拉史烏丁所著錄參加阿合馬案件的 Pulad aqa、不是元史中執有同一任務的樞密副使孛羅、而此孛羅即是馬可波羅、我以爲這種判別太不近眞、其惟一可能提出的問題、就是要知道這箇一二八二年的 Pulad aqa、是否就是我在一九二〇年承認之一二八五年來到波斯的 Pulad 丞相、我們要曉得這箇一二八二年的 Pulad aqa 同元史中一二八二年的孛羅顯是一人、縱將 Pulad aqa 同 Pulad 丞相分爲兩人、也不能說他是馬可波羅、因爲一二八二年的孛羅、應是一二七〇年一二七五年一二七七年等年的孛羅、註七 而此人不得是馬可波羅。

註七 尙應附帶言及者、孛羅鞫審阿合馬的案件不止一次、一二七九年時、有人言阿合馬不法、忽必烈嘗命相威及知樞密院孛羅共鞫之、既引伏、有旨釋免、（元史卷一二八）又考輟耕錄卷二、一二七四年後（或者就是一二七九年）有人條奏阿合馬罪二十有四。

現在我們應該將一二八二年的 Pulad aqa 同一二八五年的 Pulad 丞相分爲兩人、或是將他們視爲一人呢、在此處、我承認可以提出問題、因爲我在一九二〇年考證中、並未說明考訂此二人即爲一人的理由、沙海昂君曾注意到此一二八二年的孛羅（就是我確認爲拉史烏丁的 Pulad aqa）是一樞密院官、乃據布洛賽君之說、（緒說一三〇頁）一二八五年到波斯的 Pulad、是一中書省官、案元朝的官制、中央兩箇最高機關、一箇是掌政事的中書省、一箇是掌兵事的樞密院、在各地則有行中書省同行樞密院、可是在中國歷史中、不僅在有元一代爲然、官吏時常兼任幾種職務、其言一二八五年來到波斯的 Pulad 是中書省官者、祇有布洛賽君一人、拉史烏丁祇說他是丞相、這箇丞相官號、就嚴格說、固然可以說是中書省同行省的左右丞相、可是在波斯撰述裏面用的中國官號、恐怕無此嚴格、這箇一二八二年的 Pulad aqa、同一二八五年的 Pulad 丞相兩種寫法、在拉史烏丁兩號並用、固有其可能、可是還有點難題、aqa 與其說是一種官號、不如說是一種榮銜、然而最重要的、程鉅夫（一二四九至一三一八）所撰愛薛（歿於一三〇八年）神道碑註八所著錄一二八五年孛羅的官號、就是丞相、還有一證、固然不是一種絕對同時的文件、可是元史卷十二曾說當時有一孛羅丞相之存在、據說一二八二年四月六日、「安州張拗驢以詐敕及僞爲丞相孛羅署印伏誅、」案阿合馬之被殺、事在一二八二年四月十日、奉命平亂的孛羅是樞密副使、好像這箇四月六日的孛羅丞相、同四月十日的孛羅樞密副使不能同爲一人、在此處解說這件問題、也不能說不可能、在現在河北保定詐爲敕印的人、可以僞造一箇行省丞相孛羅的署印、這箇行省丞相孛羅、同中央樞密副使孛羅、可以說毫無關係、註九又一方面、一二八二年的樞密副使孛羅、可以在一二八二年至一二八五年奉使之時被命爲丞相、（疑是中央中書省的丞相。）註十

註八　鈞案卽是拂林忠獻王神道碑、其文見雪樓集卷五。

註九　此外還有幾箇孛羅丞相、比方元史卷一二五中一二六〇年下的孛羅丞相、必是元史卷一五三中一二六三年下的孛羅丞相、還有一箇 Pulad 丞相在一三一四年奉使到波斯、後在歸途與他

同行的人皆被殺害、(見布洛賽本緒說二三四至二三五頁、可是在索引裏面誤以本使事在忽必烈時、其實在鐵木耳完者篤 Täimür (Ōljäitü 時、) 這箇一二六〇至一二六三年間的孛羅丞相、同一二八二至一二八五年間的一箇或兩箇孛羅丞相、以及一三一四年的孛羅丞相、皆不見於元史宰相表、(祇見有一箇一三三〇至一三四〇年間的孛羅丞相、) 如此看來、或者是元史宰相表所著錄者不全、或者我們認識的孛羅丞相、是行中書省的丞相、復次這箇一二八五年的孛羅丞相、同元史卷一二三所言的不羅那顏、(Bolod Noyan) 恐有同爲一人之可能、(並參考 Bretschneider, Mediaeval Researchas, II, 89)。

註十

這件任命、可以位置在一二八二年春至一二八三年夏之間、因爲孛羅同愛薛行抵波斯之時、雖在一二八五年、或一二八四年終、他們奉使之時、則在一二八三年陰曆四月、(陽歷四月二十九至五月二十八日、) 奉命後應該不久出發、過此時間的任命、恐無其事、沙海昂君(第二册三十頁) 根據新元史卷一九九、位置奉使之年在一二七一年、(至元八年、) 可是新元史愛薛傳所本的、是愛薛神道碑、碑文明言癸未夏四月、質言之、一二八三年夏四月、最近撰新元史的人、誤以癸未作辛未、所以有至元八年之誤、元史卷一三四明說其事在至元十三年(一二七六)以後、新元史這部書所載之事比舊元史多、可是他所採的西方材料、已變原文之意、就是所採的中國材料、也時常不免疏誤。

但是無論如何、一二八二年的 Pulad aqa 同一二八五年的 Pulad 丞相、確爲一人、可以拉史烏丁所撰的朵魯班部落傳之文證之、(見 Trudy Vost. Otd. R. I. Arkh. Obšč., V, 194; VII, 194; Berezin 的譯文、朵魯班部落的 Pulad aqa 並見 XV, 133 著錄、) 其文云、朵魯班「那些有令名而受人尊敬的伯克 (beg) 之中、有 Pulad aqa、他是忽必烈的丞相同獻酒的人 (baurči)、奉使來到此國、」依此看來、這箇參加阿合馬案件的 Pulad aqa 就是一二八五年奉使到波斯的 Pulad 丞相、無論如何、不能說是馬可波羅。

沙海昂君所言馬可波羅在揚州所執任務、也不確實、首先應該屏除的、就是日本尙記得有馬可波羅一說、因爲日本人在十九世紀末年翻譯歐洲書的以前、從未知有此人、此外好像馬可波羅從未做過揚州總管、沙海昂君還未註到馬可波羅居留揚州的那一章、我現在不知道他將來是否仍舊維持他在緒說中所持之說、暫時我先談談這箇揚州問題。

地理學會所刊布的法文本、（一六〇頁）說到這箇「高貴的揚州城、」曾云、「揚州壯大所屬商業大城有二十七所、大汗十二諸侯之一人駐在此城中因爲他是十二治所之一治所、……撰此書的馬可波羅君本人領土此城三年、」上引之文第二句、祗有頗羯三鈔本中之丙本獨有相對的全文其文云、「大汗十二諸侯之一人駐在此城因爲他已升爲十二治所之一、」甲本同乙本皆無「在此城中因爲他已升爲十二治所之一」註十一等語、至若最後一句、頗羯甲乙兩本作「馬可波羅在此城中有領土三年、」然而丙本則作「本書所言的馬可波羅君、奉大汗之命居留此揚州城三整年、」這本丙本玉耳（第二册一五七頁）曾注意到其文鈔寫較善、可是「居留」一字祗見此本、（Berne 鈔本也有其實是鈔自丙本的、）至若其他法文鈔本、拉丁文鈔本同 Ramusio 的鈔本、皆作「領土」或「有領土、」如此看來、我並不說馬可波羅居留揚州三年無其可能、可是在未詳細調查以前、對於「有領土」三年的話、似乎要推究一下。

註十一　此本中之升、（Esl vée）顯在地理學會本誤字（eslene）之誤、

這箇領土究竟何所指呢、頗羯曾將元史地理志（卷五九）揚州路條翻譯、以爲可以證明揚州在一二七六年同一二七七年初、曾爲一箇行中書省的所在、註十二而馬可波羅做總管的時代、應位之於此時、但是馬可波羅說他的「領土」延續三年、頗羯乃又說揚州新設的官府在後幾年中仍舊保持他的重要、沙海昂君一遵頗羯之文、無所鑑別、可是玉耳（第二册一五七頁）早經注意到頗羯的推想並不堅固、而且頗羯在後面又將揚州行省移置杭州之年、位置在一二八四年、玉耳以爲在一二七五年中到中國的馬可波羅、在一二七六至一二七七年時、最多不過有二十三歲、不信他在此時能爲一省的長官、就是做一路一府的長官、恐怕亦無其事、又一方面、馬可波羅之文說揚州爲諸省治所之一、玉耳乃假定馬可波羅曾在揚州城爲官、可不是總管、而其時代則在他尚在北京的一二八二年、同好像初次派往印度的一二八七至一二八八年之間。

註十二　拉史烏丁祇說十二省、（sinsin）世人假定馬可波羅所言的治所、指的是省、也不能說無理由、有一

省名、經人還原作 Sukchu (Yule-Cordier, Cathay, III, 126) 或 Sukcu （布洛賽蒙古史二册四八八至四八九頁）者、似應改作揚州、(Yangjū) 案照拉史烏丁列舉的次序、同此省在契丹（中國北部）南境的事實、（因爲杭州是中國南部的第一省）可以作此假定，

這箇一二八二年的年代、是根據參加阿合馬案件的樞密副使孛羅即是馬可波羅一種錯誤考訂而來的、可以不必注意、至若揚州行省建置的沿革、因有頗羯的矛盾說明、遂使此問題不複雜而複雜、案揚州初建行省之年、是在一二七六年併宋以前、其後數年、又設置了若干其他官府、然與行省並置、到了一二八四年、行省移杭州、可是在一二八五年、揚州仍爲行省、元史地理志有一段、好像說在一二八五年後、又以揚州改隸河南江北等處行中書省、此省治所就是從前的汴梁、現在的開封、但考元史地理志（卷五九）汴梁路條、好像河南江北行省建置之時似在一二九一年、如此看來、揚州之爲行省治所、似在一二七六至一二九一年之間、則位置馬可波羅居留揚州的時間更長、同時拉史烏丁能將揚州列在蒙古帝國十二省中之理、也可解了。

至若馬可波羅在一二七六至一二九一年間在揚州任職三年的話、祇有馬可波羅本人之語可憑、可是說他做過總管、我同玉耳一樣懷疑、案照馬可波羅之文、推想固然如此、而 Ramusio 的本子尤爲確定、可是中國史書同揚州方志皆無著錄、未免甚奇、或者他曾做過省路達魯花赤 (darughači) 的副貳、容或有之、但是現在不能作何推定、就將史書方志碑文所著錄的官吏詳細審查、恐怕也不能有所取捨。

沙海昂君所採材料雖多、可少鑑別、無論關於在中國的馬可波羅、或在別處的馬可波羅、情形皆是一樣、茲僅舉數例、以見一般。

第一册三十頁、沙海昂君說馬可波羅曾於一二九六年在 Layas 灣（質言之 Alexandrette 灣、昔屬小亞美尼亞 Arménie）海戰中爲 Gênes 國人所擒、是一種勿庸討論的事實。可是此戰在一二九四年五月、質言之、在馬可波羅回到 Venise 的前一年、其爲 Gênes 人所擒、或者是一二九八年 Curzola 海戰的結果。

第二册十三頁、我從來未說我在敎廷見過 Nicolas & Matteo 攜回忽必烈致敎皇的國書。

第二册三一頁、沙海昂君根據新元史翻譯愛薛傳、此人是一二二七至一三〇八年間人、這箇叙利亞基督教徒父祖名稱（Paoli & Polonais）之還原純粹出於臆想、沙海昂君說愛薛與阿答同列、譯文大誤、原文實在說列邊阿答（Rabban-ata）關於此人者、參考一九二四年基督東方雜誌中我的「蒙古人同教皇」一文、尤應注意的、此文單行本五三頁、）薦愛薛於定宗、（貴由 Güyük）後三行的在潛邸、又後三行的敎坊、譯文皆誤。

我的評論止於此處、不幸可以指摘的地方還有很多、可是我不願讀者有所誤會、沙海昂君在中國載籍中所採材料極爲豐富、足供不能直接檢閱東方文字的讀者之參考者很多、沙海昂君之錯誤、則在信任近代的中國編輯家太過、這些人不盡是飽學之人、而其所認識的蒙古波斯阿剌伯阿美尼亞歐洲的材料、是些節譯本、而其譯文常不忠實、我時常說我們對於中國的考證家應該表示欽佩、可是僅限其所考證者是中國一方面的材料、蒙古時代的歷史必須加以許多訓練、這是中國考據家極感不便的一種考證、乃又加以沙海昂君本人的不少錯誤、甚盼利用此書的人必須愼重將事。

現閱一九二六年刊 Archivio Veneto-Tridentino 第十七同第十八號合刊、(一至六八頁) G, Orlandini 君所撰馬可波羅及其家族 (Marco Polo e la sua famiglia) 一文所引迄今爲人所未見的文證甚富、此外聽說 F. Benedetto 教授行將刊布一種馬可波羅行紀新本、聞其所根據的鈔本、不特有些寶貴的寫法、而且添了若干完全簇新的章節、這件消息頗爲重要。應該等待將來之證實。

諸蕃志譯註正誤

一九一二年通報四四六至四八一頁　伯希和撰

研究中世紀時東亞同西亞的海上貿易、趙汝适的諸蕃志、算是一部重要著作、此事可以不用再說、希爾特（Hirth）君前在他的「中國同羅馬東疆」（China and the Roman Orient）一書裏面、將諸蕃志記述地中海東部的一段翻譯、已經快有三十年了、自一八九四年以後、諸蕃志的其他各條、也在種種撰述中曾經有人研究過、則若有一部全書的譯文、綜合一切既得的成績、以供諸漢學家印度學家閃學家（semitisants）將來研究之根據、豈不甚善、所以有兩位東方學的名宿、希爾特同羅克希耳（W. W. Rockhill）二君聯合起來共作這種工作、並得聖彼得堡（Saint-Petersbourg）科學研究院物質上的幫助、吾人樂於參考之良書由是刊行。註一

註一　鈞案諸蕃志譯名作 Chau Ju-kua: His work on the Chinese and Arab Trade in the twelfth and thirteenth Centuries, entitled Chu fan-chi, 1912.

、中國的正史同佛教諸巡歷家的行記、對於南海的歷史同地理、可以算得是最寶貴的材料、其足供我們採集的、尚有不少、可是諸蕃志同他的記述國土同方物兩卷是一種有統系的記載、由趙汝适直接聞諸泉州航海家的、趙汝适是十三世紀上半葉中人、當希爾特君注意到此書之時、世人尚不知有更古的同類撰述、不是因爲從前未有、從前並且很多、可是好像沒有一部留存至於今日、現在因爲漢學研究的進步、可以說諸蕃志以前、還有一部周去非一一七八年撰的嶺外代答、其實諸蕃志有一部份是全抄嶺外代答的、可是趙汝适增加的材料很多、他這部書的價値就在此點、我們現在祇知道其中的記載所指之時代非一、則必須尋究其起點、希爾特同羅克希耳二君對於此點頗爲注意。

諸蕃志同嶺外代答、以及明代以前的不少中國撰述、皆有一種同樣的情形、就是不能見一古本、現存之本是十五世紀初年永樂大典所收之本、而經十八世紀末年中國的考據家所採輯的、諸蕃志初在一七八三年的函海中有刊本、函海這部叢書已有數版、後又在一八〇五年的學津討源中重印、這部叢書現在可以說是罕見、一九

○八年時、揚子江下流有一箇考據家曾在預備撰一部註釋、然迄今尚未見出版、趙汝适本人在中國正史裏面幾可以說毫未留存痕跡、可是他這部書久已爲人所知、因爲宋末陳振孫的直齋書錄解題卷八已見著錄、十三世紀末年周達觀的眞臘風土記亦見引之、（參照遠東法國學校校刊第二卷一四〇頁、）可是這些根據點過於薄弱、不能使諸蕃志的譯人確定此書的撰年、諸蕃志最晚的題年是一二一〇年、（譯文一七八同一八六頁、）直齋書錄解題則位置在十三世紀中間、但是未言撰年確在何年、註二 諸蕃志白達（Bagdad）國條說白達國王「乃佛麻霞勿（Mahomet）直下子孫、相襲傳位至今二十九代、」可是此說若不變通、勢難承認希爾特同羅克希耳二君乃參合世系、而謂諸蕃志所說的大食敎主、就是 Musta'cim 、此人在位始一二四二至一二五八年、由是以爲諸蕃志的撰年就在此時、這一說可錯了。

註二 我在直齋書錄解題卷八中所見的最晚題年是一二三八年、可是我未曾過細檢尋。

因爲我們對於考證諸蕃志撰年、現有一件好像未經人利用的要緊材料、考諸蕃志之文見於永樂大典卷四二六二蕃韻之下、函海同學津討原全錄其文、可是未錄原序、一九〇一年時繆荃孫君在他的藝風藏書記卷三中將此記載入這篇序文後題云「寶慶元年九月日、朝散大夫提舉福建路市舶趙汝适序。」如此看來、此書撰年不在一二四二至一二五八年之間、而在一二二五年無疑。

趙汝适不大講究文體、其文不常明瞭、幸而二十年來之研究、將其道路開闢、而這兩位譯人的特別知識、遂使我們今日得明其義、其中的專門名詞、大致皆得其解、祗有史地方面尙須大加努力、要在此方面明瞭諸蕃志的記載、應該裒輯一切中外載籍關係南海之文、這種廣大工作、自爲諸蕃志的譯人望而却步、其事易解、他們的註釋、表示他們很知道問題的狀況、不過是對於越南半島同南海羣島方面、略微有點躊躇、註三 但是有一部重要著作、可以闡明並補充諸蕃志者、不幸希爾特同羅克希耳二君未見此書、我說的就是汪大淵的島夷志略。

註三　比方考訂扶南卽暹羅一點、（譯文六頁五〇頁）就是一例、從前裒輯關係扶南之文者、祗有Aymonier同我兩人、我們對於扶南如何成爲有史的柬埔寨（Cambodge）問題方面、意見雖不一致可是皆以爲扶南的中心就在柬埔寨林邑（二一四頁）確是占波（Champa）並無疑義、譯文又誤將婆利位置在蘇門答剌（Sumatra）、或馬來半島、或 Pérak 或暹羅、（一九四頁、一二頁、二一八頁、二一九頁、）這可是一種不經心的錯誤、後來知道其誤、乃將婆利位置在 Bali、他們的註釋、有時好像採用紀利尼 Cerini 上校過於果敢的假定、這也是一種缺點。

島夷志略這部書一直到最近幾年、祇在四庫全書總目提要同別書的引文知道有之、世人祇知道汪大淵是十四世紀中間的人、他的書所記載的、是旅行印度洋數次的見聞、最初在一九〇三年指明前幾年廣東印行的知服齋叢書 註四 中有是書者、好像是高楠順次郎同南條文雄、這部叢書印得雖晚、坊間極稀、我幸虧有一箇中國朋友幫忙、才替巴黎國民圖書館覓得一部、後來馬司帛洛（H. Maspero）又在北京替河內遠東法國學校的圖書館覓得一部島夷志略鈔本、註五 我又託中國朋友將南京圖書館所藏的舊鈔本抄了一部、註六 所以現在此書有法可讀、其內容很可寶貴、並可闡明諸蕃志之文、猶之嶺外代答連繫較古的地理撰述同諸蕃志、這部晚於諸蕃志一百二十五年的島夷志略、也可連繫宋末的嶺外代答同明初的種種材料、質言之、G. Phillips 所印的地圖、同十五世紀初年根據鄭和航海所撰的行紀。

註四　參照遠東法國學校校刊第四卷二五五頁。

註五　參照遠東法國學校校刊第九卷五八六頁、惟所錄標題錯誤、Huber 曾考此書所記暹國臣屬羅斛之年、質言之、上邦之權由 Sukhotai 轉移到 Ayuthiya 之年、明言在「至正己丑夏五月」、（一三四九年六七月間、）如此看來、年代時常不定的緬甸年曆同暹羅年曆、一說其事在一三四八年、一說在一三五〇年、在此處倒還不錯、汪大淵完成此書之時、好像在此年年初、必定是有一商舶傳說此事、汪大淵立時載入此書之中。

註六　此本前有一三五〇年張翥序、一三四九年吳鑒序、別有一三五一年吳鑒序、可是這篇序是爲他在泉州合撰清源續志二十卷而作的、此書顯是續的一一九九年清源志、（七卷可參考直齋書錄解題卷八、）這部清源續志的發起人是一三四九年仕於福建的一箇迴紇人（姓偰）現存的島夷志略鈔本後皆有一五四八年袁袠跋、此跋無足輕重、可是足以考見此本流傳的經過。

諸蕃志的譯人在緒說裏面又將新唐書卷四三所著錄八世紀末年賈耽所撰很重要的外國道里重新翻譯。De Guignes 在十八世紀中曾將這篇道里舉出註七

Phillips 在中國雜誌(China Review)卷八裏面說得較詳、我在遠東法國學校校刊卷四裏面曾將廣州到印度南端 cap Comorin 的路程、詳細討論、註八此次新譯文裏面可有幾處誤會十一頁「又向南三日行至占不勞山」應作又西南三日行云云、十二頁譯文云「又東(西?)出峽、」我不解其躊躇的原因、因爲原文祇言西出峽、並未言東出峽、後兩行譯文「在佛逝東北隅」應從唐書原文、改作西北隅、至若十一頁之質硤、譯者寧取紀利尼所考之星加坡(Singapour)硤而不採我從前考訂的滿刺加(Malacca)硤、其實我們所考的大致不差、我的滿刺加硤乃取其廣義、乃指馬來半島同蘇門答刺中間的海硤而言、其硤之廣袤、同經過的時間之久、不能僅限質硤在星加坡硤、同頁的哥谷羅國、譯者云「伯希和以爲就是 Ibn Batuta 的 Qaqola、其地在蘇門答刺 Angkola river 水同 Batang gadis 一支流之間、這種考訂似乎很難、因爲箇羅國在馬來半島、而此二國是隣接之國、紀利尼以爲哥谷羅是馬來半島東部的 Kelantan 或 Ligor、其說較爲近似、」這些話恰同我從前所說的相反、根據賈耽道里、箇羅國在硤之北岸、而哥谷羅國在箇羅之西、則好像箇羅在馬來半島之上、已出星加坡硤以外的半島西部無疑、譯者以爲我曾採用 Groeneveldt 之說、將箇羅位置在 Kora、這話也不對、我從前以爲（遠東法國學校校刊第四卷三四九至三五四頁）而現在尚以爲在北緯七度的 Kora、說他是賈耽的箇羅、未免偏北、我曾爲附條件的考訂、以爲箇羅在今之 Kedah、我現在並想承認此國更在其南、我們在此處祇要知道箇羅在馬來半島西岸大致在滿剌加(Malacca) 同 Kedah 之間、譯者以爲賈耽既說箇羅同哥谷羅隣接、兩國應在陸地、其說完全具有理由、則若說哥谷羅就是 Ibn Batuta 的 Qaqola 或 Qaqula、而謂此 Qaqula 昔在蘇門答剌西岸、則未免荒謬不經、這一種蘇門答剌西岸的考訂、不僅使人可以懷疑而已、我從前業已說明我的理由、Ibn Batuta 說 Qaqula 是 Mul Djâwa 的一箇海港、Yule 從前業已在馬來半島尋求 Mul Djâwa 設若根據譯者所採紀利尼對於哥谷羅的考訂、將來可見他也將 Mul Djâwa 位置在馬來半島、如此看來、反駁哥谷羅爲 Qaqula 之說、理由似不充足、我可有一種難題提出、這是我在一九〇四年未曾想到的、因爲哥谷羅之「谷」古讀若 kuk、而在 Qaqula 裏面未見此喉音收聲、可是這箇國名也有用從來沒有收聲的「古」字者、比方宋史卷四九〇之葛古羅、就用這種寫法、就在唐代酉陽雜俎也有一條說白荳蔻出伽古羅國、土名多骨、(假定還原爲 takur)、註九 酉陽雜俎是八五〇至八六〇年間的撰述、我們還可上溯到此時以前、本草綱目所引陳藏器的本草拾遺、是開元時代(七一三至七四一)的作品、註十 陳藏器也說伽古羅或哥谷羅同白荳蔻有其關係、乃考阿剌伯語白荳蔻的名稱即作 qâqulah 這箇出產的名稱、必定是出產國的名稱、如此看來、我不但不放棄從前附條件的考訂、現在並敢說賈耽的哥谷羅、就是 Ibn Batuta 的 Qaqula、不特可能、而且近似、然則應該位置此哥谷羅國於何處呢、當然在馬來半島、紀利尼、希爾特、羅克希耳同我、對於此點意見一致、可是諸蕃志的譯人採用紀利尼的雙料假定、以爲「是馬來半島東部的 Kelantan 或 Ligor、較爲近似、」此說我以爲似難主張、按照賈耽道里、勢必將箇羅位置在馬來半島西岸、而哥谷羅更在箇羅之西、在事實上、應該說在西北、尙應附帶言及者、此二國不在從星加坡硤沿蘇門答剌海岸直接西行的途中、則嗣後無論取何種

考訂、應在馬來半島西岸、不應在 Kelantan 或 Ligor、尋求賈耽的哥谷羅。註十一

註七　見一七六一至一七六三年考古研究院記錄、第三十二卷、一七六八年刊、三六七頁。

註八　鈞案此文業經我轉為漢文題曰交廣印度兩道考、本文所引遠東法國學校校刊第四卷之文、大概皆指這篇研究。

註九　見裨海本同津逮祕書本卷十八、惟裨海本誤多骨為多國。

註十　參照諸蕃志譯文二二二頁、段成式酉陽雜俎必定取材於本草拾遺、可檢遠東法國學校校刊第四卷一一三〇頁、其中即見有段成式所錄本草拾遺的一條、觀現存本草拾遺的殘文、可見此書時常著錄外國植物的外國名稱、由是可以推想段成式所採拂菻語的植物名稱、也是從此處來的、如此看來、這類有時不可解的植物名稱、可以上溯到八世紀初年。

註十一　在假定方面、我想白荳蔻的土名 takur 同古代的 Takola 港名、或有關係、猶之 qâqola 同 Qaqola 國名有其關係、八世紀陳藏器也曾說迦拘勒為肉荳蔻的外國名稱、蓋梵名 Kakkola 或其轉化之名 Kakkolaka 在 Bohtlingk 字典之中即作此訓、P. Cordier 醫師對於印度的植物同醫術問題頗為詳悉、曾在遠東法國學校校刊第三卷四〇六頁說 kakolam 是 Lavanga scandens 的相對之稱、案梵文小荳蔻之習用的名稱是 sūkṣmailā、好像就是漢文譯寫的蘇泣迷羅。

如前所述、這箇哥谷羅的例子、比較單簡、而在種種出處方面並無重大衝突、尚且要作詳細的審查、深究的討論、庶能確定此類史地的問題、則我對於諸蕃志譯文的研究、不能在此方面下功夫、否則必須作一全本書的引證、但很希望我們有人不久有暇去作此類工作、其材料並不缺乏、我現在不談細節、祇說對於賈耽道里的末一段、De Guignes 同 Phillips 所見的、較希爾特同羅克希耳所見的爲正確、我以爲根據賈耽道里之文、弗利剌水就是 Euphrate 水、縛達城不是從前的 Fostat、近代的 Cairo、而是 Bagdad 註十二

註十二　印度河（Indus）口的提颶國、譯者的考訂、躊躇於 Taiz 同 Daibul（五頁的 Diul-Sindh）兩地之間、我覺得後一地名、曾經 De Guignes 提出、祇有此名可求對音、提颶之對 Daibul 或 Diul、猶之謝颶之對 Zabul(Zabulistan)、因爲此字的收聲妨礙我作賈耽道里的拔颶國爲 Barygaza-Broach、的考訂、此國譯者假定爲 Balabhi 或 Valabhadra、好像不確。

諸蕃志譯文有若干段落、現在好像有尚須考證之處、茲案頁數之先後、分別說明如下。

三頁　此頁說到錫蘭島的「薩薄商人、」以爲或者是 Hadramaut 同 Oman 沿岸的阿剌伯人、譯者好像仍受 Beal 豐富想像的影響、Beal 想像法顯時代有 Saba 商人到錫蘭、這想像、後來 Legge 還不知道將他屏除、我在遠東法國學校校刊（第四卷三五六頁）曾說此佛經中之薩薄、就是 sārthavāha 正例的省譯、此言商主、商隊主、若是我的記性不錯、這種考訂早已見於 Klaproth 同 Landresse 所刊布的法顯傳譯文之中。

五頁　譯者以爲在一六六年自稱大秦帝安敦(Marc Aurele)使臣到中國以前、不見中國同南海印度及西方海上交通的痕跡、我從前曾以爲一三二年一二月間入貢中國的葉調、就是爪哇(Java)、(遠東法國學校校刊第四卷二六六頁)、這種考訂、我到現在還以爲對、這就是 Ptolémée 以前半世紀爪哇名稱之最初紀錄、此事已可假定當時的海上交通、已過越南半島了、然而我覺得很奇怪的、前漢書地理志裏面有一要文、其中地名雖尙難解、然不因此減其價値、未見譯者引他一條、前漢書卷二八下云、「自日南障塞徐門合浦船行可五月、有都元國、又船行可四月、有邑盧沒國、又船行可二十餘日、有諶離國、步行可十餘日、有夫甘都盧國、自夫甘都盧國船行可二月餘、有黃支國、民俗略與珠厓相類、其州 註十三 廣大、戶口多、多異物、自武帝（前一四〇至前八六）以來皆獻見、有譯長屬黃門、與應募者俱入海市明珠璧流離、註十四 奇石異物、齎黃金雜繒而往、所至國皆稟食爲耦、蠻夷賈船轉送致之、亦利交易、剽殺人、又若逢風波溺死、不者數年來還、大珠至圍二寸以下、平常元始（紀元一至六年）中王莽轉政、欲燿威德、厚遺黃支王、令遣使獻生犀牛、自黃支船行可八月到皮宗、船行可二月到日南象林界云、黃支之南有已程不國、漢之譯使自此還矣、」註十五 我不欲在此處考證這段要文的地理、註十六 我們祗要知道、班固的前漢書是眞本撰年不能在紀元一世紀末年以後、這一段記載表示他的來源有二、前一箇來源上溯到漢武帝時、質言之紀元前一四〇至八六年間、後一來源出於王莽時代、質言之紀元初年時、其所著錄的一些國名、同漢代譯寫的方式相合、而與山海經充滿的神話名稱毫不相類、則在此處實爲歷史而非故事、這些漢使所到之國、這些市明珠璧流離之國、從越南半島沿岸發航、整整一年方到、應該承認他們在印度洋中、其中有數國或者在其西端、希爾特同羅克希耳、設若僅說紀元初年印度洋中沒有中國海船、其主張或有理由、因爲上引之文說「蠻夷賈船轉送」、可是自紀元一世紀初年始西亞的出產確取海道逐漸運到中國、而在紀元初時曾有中國使臣周歷印度洋、這件事是不能否認的。註十七

註十三　州字與洲字義同、這段文字以前曾說海南島（儋耳珠崖）是大州、可是不能說這些國皆在島上、洲字固訓爲島、然從海而至者、時常用爲大陸之稱、此二字互用之例、可參考遠東法國學校校刊第四卷二一七頁。

註十四　此處的璧流離、好像未經人指出、但是前漢書卷九六上罽賓（Cachemire）傳所著錄的璧流離是世人已經知道的、此外這箇譯名並見山東武氏祠堂石刻著錄、這是梵文 vaidūrya 俗語的譯名、可並參考諸蕃志譯文二二七至二二八頁、Berthold Laufer 曾以爲璧流離不是玻璃類的原質、但是此說有幾箇缺點、可參考本年通報四四二頁、我對於他所撰的「玉考」之批評。

註十五　考前漢書本紀、可知黃支國貢獻之年、好像紀元初年中國同南海的交際頗爲發達、紀元元年、傳說中很著名的越南半島一國名越裳氏者、重譯獻白雉一黑雉二、次年、黃支國獻犀牛、應劭註曰、黃支在日南之南、去京師三萬里、（並見前漢書卷十二、）這些貢使皆是爲逢迎太后同王莽而來的、因爲故事相傳周公時獻過白雉、當時或有一越南半島之國入貢、硬名其國曰越裳氏、表示王莽同周公一樣、這件獻白雉的事情、並見前漢書卷九九上王莽傳、同傳又說越裳氏重譯獻白雉、黃支自三萬里貢生犀、王莽且仿周公作金縢、這些事情雖然皆有政治作用、可是貢使是無可疑的、尤其是黃支國的貢使、三見前漢書、皆足證明地理志末那段文字非僞。

註十六　鈞案此文中的地名、費瑯 (G. Ferrand) 曾有考證、備見所撰崑崙及南海古代航行考、可是其中有幾條伯希和還有異議、未曾發表。

註十七　譯者在緒說裏面輯了不少趙汝适以前關係中國同南海海上貿易沿革之文、除開賈耽道里同嶺外代答以外、其最重要的材料、則出十二世紀最初二十五年中朱彧所撰的萍州可談、（最好的同最易得的本子、是守山閣叢書本、）此外還須增加的、尚有唐代的鑑眞傳、（唐大和尚東征傳、）鑑眞是七五三至七五四年數犯險阻而到、日本傳戒的戒師、他在海南島曾見有一箇很重要的波斯團體、又在廣州珠江中看見外國船舶無數、這是他書所未著錄的、若要知道趙汝适以後蒙古時代的同一商業交通、最好的參考資料、有基督教同回教旅行家的記述、中國載籍的主要材料、有元史卷九四同夢粱錄、（希爾特君在通報第五卷三八六至三九〇頁中已有研究、）元典章近有刊本可供參考、其中有一二九三年所訂同外國人通商章程二十三條、（元史卷九四說有二十一條、）

八頁　六〇七年常駿使赤土、路過陵伽鉢拔多洲、洲上有神祠、質言之、婆羅門神祠、此洲原名必是 Liṅgaparvata 無疑、其譯寫的對音正合、又考隋書卷八二眞臘傳、近都有陵伽鉢婆山、上有神祠、（見譯文五五頁）這箇陵伽鉢婆的原名必是一樣、然而隋書所說的婆多利神、與此山實無關係、譯者假定此婆多利、祇能是占波碑文以名自在天神（Çiva）之 Bhadra、我並不非駁這種比對、可是要注意的、其譯寫方法頗不合規則、元（見島夷志略）明時代安南海岸 cap Varella 有座靈山、紀利尼（Researches, P. 710）也以其原名是 Liṅgaparvata、這種假定毫無根據、因爲八世紀末年賈耽的陵山、或者是一箇 Liṅgaparvata、然而元明時代的靈山、決不是同一之山、我現在還不知道譯寫中有用靈字之例、（參考遠東學校校刊第四卷二一七頁。）

十二頁　賈耽道里中的師子國、就是錫蘭(Ceylan)、譯者說「用此名指錫蘭的第一箇人是法顯、而使中國人初知錫蘭的、必定也是他、」這兩句話皆不絕對正確、法顯是在四一三至四一四年間歸國、迄於歸國以前、中國人必不知道他到過錫蘭、從前三世紀時、康泰使南海諸國、或者早已聽說有此錫蘭島、他的行記現在祇存殘文、所以我對於扶南土俗傳殘本中的斯調、曾作附加不少條件的考訂、說是梵文 Siṁhadvīpa 之俗語寫法 Sihadīpa （鈞案此言師子洲）的對音、反之五世紀下半葉竺芝扶南記所言之私訶條、則爲錫蘭原名之對音無疑、註十八 同一譯名並見支僧載外國事、註十九 我們不知支僧載爲何時人、看他的語氣、似在晉時、顧晉亡於四二〇年、別言之、在法顯歸國六年以後、則外國事撰在法顯傳以前、很有其可能、這種法顯所不知的 Siṁhadvīpa 之譯名、更古的佛經還有略微不同的別譯、數年前我檢出的私訶絜同私訶疊兩箇譯名。註二十 一箇見於相傳見漢錄闕譯人名的雜譬喻經、則此經是二二〇年以前的譯本、一箇見於一八〇年前後支婁迦讖所譯的雜譬喻經、註二一 如此看來、錫蘭的土名在法顯以前早已有音譯了、而法顯所採用意譯的師子國名、必定也是早有、關於錫蘭的中國史文、業經烈維(S. Lévi)在一九〇〇年裒輯研究、其中有一條說四世紀末年、師子國王聞晉孝武帝(三七三至三九六)敬信佛法、乃遣沙門一人獻白玉佛像、沙門經行十年、義熙(四〇五至四一九)、初方到中國、註二二 根據此文可見這箇沙門被遣時在三九六年以前、到中國時則在義熙初年、由是在四一四年法顯歸國之前了。

註十八　參照遠東法國學校校刊第四卷三五七頁、鈞案原文見水經注卷一。

註十九　參照水經注卷一、同楊守敬的水經注疏要刪補遺卷一、(一九〇九年刊)

註二十　參照遠東法國學校校刊第四卷三五七頁。

註二一　就是南條目錄第一三六八同第一三七二號的經本、沙畹在他的五百民話裏面採了前一經一小部份、南條說支婁迦讖譯經的年代、始於一四七、終於一八六年、我說此經譯年在一八〇年前後者、乃贊成馬司帛洛之說、以為支婁迦讖在桓帝(一四七至一六七)末年方到洛陽、南條在其目錄補遺中說第二十六號經是支婁迦讖一四七年的譯經、其實六世紀初年的出三藏記集、對於此經未著其譯年、三七四年的道安錄亦不知之、而且他以此經或者是支婁迦讖的譯經、關於支婁迦讖譯經之唯一古代記載、祇說他在一七九同一八五年譯經、（參照西京續藏本二十七套九册五九五頁）所以我說第一三七二號的譯本、是一八〇年前後的譯本。

註三　參考亞洲報(Journal Asiatique)一九〇〇年五六月刊烈維所撰王玄策使印度記、烈維所引之文、還可加上一條、僧祐所撰法苑（今佚）卷八中的「晉孝武帝世師子國獻白玉像記」（見出三藏記集卷十二。）

四九至五〇頁　關於占城國(Champa)的屬國、應該重再研究、一方面應參考島夷志略相對之文、一方面要參證馬司帛洛(Georges Maspero)在通報 (II, XI, 197)中根據碑文所輯的那些土名、島夷志略舊州與新州相對、顧新州即是平定省占波都城之海港、可當今之歸仁、則可假定舊州指的是建都平定以前舊都之海港、應在廣南江口、烏麗或者就是文獻通考同宋史之烏里、疑因後一地名有麗字致誤、第三箇地名日麗、就是今日上安南中的 Dong-hoï 江、註二三　島夷志略中日麗別有專條、此後諸地名、除開賓瞳龍當然是 Paṇḍuraṅga 外、皆不詳爲何地、弄容或者是思容之誤、思容是宋元時代承天（Hué）灣南口之港名、註二四 譯者將蒲羅甘兀還原爲 Poulo-Condor、似乎不對、十三世紀時中國甘字讀音皆尙作 Kam、註二五 若是說蒲羅甘兀眞是一箇地名、在對音方面很可遷就的、要算航海家熟知之 Poulo Gambir、因爲此島在他們的航路之上、可是這祗能純算假定、至若最後的亮寶毗齊、在島夷志略中則作犆寶毗齊。

註二三　參照遠東法國學校校刊第二卷六三頁、第三卷一七二頁一八〇頁、第四卷二〇六頁。

註二四　參照遠東法國學校校刊第三卷一八六頁、第四卷二〇六頁。

註二五　譯者曾自駁其說云、Poulo Condore「在宋時常名崑崙山」、可是我不知道元朝以前有名此島曰崑崙之例、（島夷志略對於這些名崑崙山的海島有一專條、）至若譯者所採 Crawfurd 之說、謂土名作 Pulo Kohnaong、乃是一種奇異混解之結果、關於這件問題、可參照遠東法國學校校刊第四卷二一八至二一九頁。

五二頁五四頁　諸蕃志說眞臘國都號祿兀、希爾特君在一八九八年初次譯此文時考訂其爲 Lovêk、可是我在後來曾說這箇 Lovêk 建設於十五世紀、在十五世紀以前不是都城、趙汝适時代眞臘都城、必在 Angkor、（遠東法國學校校刊第二卷一三二頁一四一頁第四卷二三七頁）、所以譯者現在譯文裏面說、諸蕃志所說的都城、就是 Angkor、惟應考究者、祿兀的對音如何變爲 Angkor、我以爲現在我可以說明其理、我們從前從祿兀想到 Lovêk 者、因爲現在福建的音讀作 Luk-wok、可是我們實不知道十三世紀福建的音讀如何、反之這兩箇字的通常古讀、我們却知道應讀若 luk-ŋut、不過這箇 ŋ 聲母鼻音、有時甚微、而喉音有時超過鼻音、（參照亞洲報一九一一年十一月刊五一五頁五三八頁）、現在廣東的讀法尙保存此二字的古音、我們又知道收聲之 t、在唐代北方方言之中、大致已變爲 r、常用這類的字譯寫具有 r 收聲之音、如此看來、祿兀古讀之 luk-ŋut、應對土名讀法之 lukgut 或 lukgur、顧 Angkor 就是梵文之 nagara（此言城）最後變化之字、這箇梵文的城字在柬埔寨同暹羅語言之中、還變化了些 nokor, ligor, lakhon, 等字、諸蕃志譯名的對音之所本、應該是 lokor 或 logor 由此可見從十三世紀起、Nagara 的通俗讀法、質言之、Angkor 的通俗讀法、頭一箇聲母的發音、已變爲 l 了。

五三頁五五頁　諸蕃志說到眞臘獻神的舞女、（nautch-girls）名叫阿南、譯者說此名就是梵文 ānanda （此言喜）的習用譯名、此說也不對、Ānanda 一名漢文向常譯寫、因爲他是佛的最有名的一箇弟子、但是寫作阿難、我們並可以說此名從未寫作阿南、因爲十三世紀南字的讀法尙作 nam、至若 Ananda 中之 nan 常有一鼻齒音收聲。

五七頁　八世紀時、眞臘分爲兩半、北名陸眞臘、一名文單、南名水眞臘、一名婆鏤、譯者採紀利尼(Researches, P. 824 & 832 之說、以爲文單是上柬埔寨、婆鏤得爲彭亨(Pahang) 北部中的 Kwala Baloh、案文單在上柬埔寨自無疑義、可是應該確定他究在何所、紀利尼對此問題未曾討論、可參考遠東法國學校校刊第四卷二一一至二一五頁之文、婆鏤或水眞臘、就是下柬埔寨、今人意見皆同、不知何故將其位置在馬來半島南部的彭亨國中、紀利尼本人亦未言其故、別有一箇紀述道里之文、著錄有婆樓或婆婁、可是此文末言婆鏤或水眞臘、（參照遠東法國學校校刊第四卷二一一頁二二一六頁、）紀利尼好像不知道有後一箇名稱、他曾想像（原著三四二頁）水眞臘以外有箇火眞臘、遂將現在安南山系中名曰水王同火王的兩箇莓（moï）種酋長拿來附會八世紀的地名、殊不知無一史文說有一箇火眞臘、如此看來紀利尼這部 Researches on Ptolemy's Geography、參考時必須謹愼將事。

六四頁　龍牙門的名稱、在一三四九年的島夷志略中已見著錄。

七三頁七五頁　藍無里條所說的木蘭皮、譯者以爲木蘭是南印度 tamoul 語 maram 極壞的譯音、可是我以爲木蘭之名好像是一箇純粹中國名稱、木蘭皮是一種桂皮、（參照 Bretschneider 的中國植物名錄 Botanicon sinicum, III 147）。

八〇頁　闍婆（Java）國的官名落佶連、不是馬來語的名稱、而是爪哇語的 rakryan、這箇名稱的變體 rakarayān 曾經 Huber 在遠東法國學校校刊第十一卷二一一頁中說明。

八一頁　用 Anao 一字來解說闍婆國條的蝦猱丹、頗爲巧妙、然我以爲丹字恐是譯音、不是譯義、原文兩言蝦猱丹樹、可見蝦猱丹是一箇整名、我想應在爪哇語中求之、不應在馬來語中尋究、因爲中國語譯寫的方法假定有呼聲發音、而馬來語所常用的、皆是無呼聲的讀法。

八六頁　闍婆（爪哇）諸屬國的問題、尙極曖昧不明、但若將元史不少的記載、同諸蕃志島夷志略二書之文對照、將來必能考得一大部份、諸蕃志蘇吉丹條的禧寧牛論兩箇國名、就是島夷志略的希苓巫崙、譯者所列舉的爪哇國內同在地理上獨立諸國、兩種名錄、後一名錄內多一牛論、應删。

九六頁一〇〇頁　注輦國（Coromandel）所產的植物中、有餘甘、未見「中國植物名錄」著錄、但在他處則作餘甘子、Giles (Adversaria Sinica, fasc. 6, P. 187) 根據一二四七年的（Giles 誤作十二世紀）洗寃錄、說是 spondias amara、考一一一六年的本草衍義、（十萬卷樓叢書卷十二）說餘甘子就是菴摩勒、一二〇〇年前後高似孫的緯略、（守山閣叢書本卷四）有一條專說菴摩勒油、或染白髮的菴摩勒油、據說菴摩勒果就是餘甘子、因爲此果先苦後甘、所以名曰餘甘子、此書的引證不少、證明餘甘之名在三世紀時早已有之、如此看來、餘甘就是菴摩勒、梵文的 āmalaka、我們所稱爲的 myrobolan 註二六 藤蘿一名未曾考證出來、可是此名最晚在唐時早已有之、佩文韻府（徑路條）引張說（六六七至七三〇）詩云、「徑路池水拂藤蘿。」可以證之、註二七 甘羅一名、我不知爲何種植物、然譯者誤引史記作爲人名、（史記卷七一說甘羅是甘茂孫、）虵臍桑或者應從宋史改作蛇臍佛桑兩箇植物名稱、佛桑已見嶺表錄異卷中著錄、說此物就是朱槿、案槿是 hibiscus 的通稱、Giles 的漢英字典說朱槿就是 hibiscus rosasinensis、如此看來、佛桑就是扶桑、註二八 婆羅一名應該從宋史改作娑羅、總之這些樹木植物的問題、過於複雜、不能在此處研究。

註六 可參考 Watters, Essays on Chinese language, P. 436 至若 Giles 所引的考證、大概也就是從餘甘同菴摩勒同爲一物的記載而發生的、但是菴摩勒一名與其還原作 āmalaka、不如還原作 āmrāta、這也是一種 spondias 的梵名、至若漢文譯作菴摩勒的 āmalaka 就是西方語言所稱的 myrobolan emblica、還有一種 myrobolan、同上一種大不相同、在中國也用西方的譯名、而名曰訶黎勒、(haritaki, myrobolan chebulic)。

註二七　這箇池水名稱應出前漢書卷九四下、徑路是匈奴寶劍之稱、希爾特 (Ancient history of China PP. 66-67) 曾考其古讀爲 king-luk、遂以其爲突厥語寬刃刀 qynghrâq 的譯名、可是路字從來沒有聲母收聲。

註二八　參照中國植物名錄第二册四〇〇至四〇一頁。

九九頁　譯者以爲部落二字、或者是梵文 pura 的譯音、梵語本義猶言城市堡壘、我想譯者必定知道部落是一種純粹漢名、猶言部族、他們或者意以爲諸蕃志用這箇純粹漢名、殆因音義之相類、遂作梵文 pura 的對音、然而我恐怕這是他們一種臆想。

一〇一頁　賈耽的皇華四(原誤西)達記、嶺外代答引之於先、諸蕃志引之於後、此記就是新唐書卷四三卷尾的入四夷道里、其中從安南赴印度的一道、是我最先在一九〇四年遠東法國學校校刊研究過的。(並參照校刊第四卷三〇一頁、)諸蕃志引的賈耽道里止此、後面所言達摩 Bodhidharma 之來等語、乃是周去非所增九七頁的譯文是對的、一〇一頁的譯文是不對的、漢晉遺書鈔中也有輯文、新唐書所錄的賈耽道里、出於賈耽皇華四達記、此記十卷新唐書（卷五八）藝文志著錄。

一二二至一二三頁　關於印度沙門永世同波斯外道阿里烟之文、Stanislas Julien(Mélanges de géogr. asiat., pp. 175-177) 業經翻譯過、沙畹 (Chavannes, Rev. hist. des relig., XXXIV, 53) 業已研究過、譯者的推想似無理由、利得的原名好像不是 Lāta、因爲此 Lāta 在宋史前一葉中、似寫作囉囉、若說一箇印度沙門、不能名稱永世、我覺得毫無證明、若是檢尋僧傳、可以見着同樣的名稱、或者就見着這箇永世、至若波斯外道、毫無假定其人爲基督教徒的理由、他自己且說其師姓黑衣、我們知道 Abbassides 朝的教主、在中國史籍中名曰黑衣大食、Julien 早經說過、如此看來、阿里烟或者是一箇回教徒、其名開始的必是 Ali 註二九。

註二九　利得王名不是阿啱你、而是阿啱你縛、至若王后摩訶你、譯者還原爲 Mahani、不知何所據、我覺得好像是 mabārānī、這是梵語王后的稱呼。

一二八頁　撥拔力國、並見續博物志（百子全書本卷十）著錄、其中的麒麟（girafe）、名曰駞牛、這是波斯語名的意譯。

一四〇頁　大食勿斯離國、在九世紀時已見酉陽雜俎續集卷十著錄、據說此國出產安石榴、在島夷志略中、則重作麻呵斯離。

一四六頁一五三頁　關於亞利山大(Alexandre)帝所著錄、與諸蕃志及元人撰「記古滇說」相同的茶弼沙國、(Djabarsa)可參考遠東法國學校校刊第九卷六六三頁、譯者所引三才圖會之文、其名顯有顛倒錯誤。此茶弼沙國並見島夷志略卷末著錄。

一五〇頁　我在遠東法國學校校刊第四卷三〇一頁所錄「近佛」一名、自信以爲祗有這種譯法與嶺外代答之文相合、至若譯者「近於佛國」之說、恐無人能解、譯者別有一說、以爲近佛是佛逝之誤、這種顛倒錯誤、在中國載籍中不乏其例、此說好像有點可取。

一九四頁　諸蕃志卷下專誌方物、首先著錄的是些香料、譯者對於各種香料輯了許多很好的材料、然適足表示我們對於這類知識頗欠充足、Bretschneider 在他的中國植物名錄裏面、從未說到沈香檀香種種香料、顧這些香料多屬外國出產、則必須參考釋藏、例如翻譯名義大集 (Mahāvyutpatti) 之類、我曾見義淨所譯金光明經 (Suvarṇaprabhāsa) 卷七裏面、列舉有三十二味音譯同義譯的名稱、諸蕃志最先說的是樟腦、案自六世紀上半葉始、中國名樟腦曰婆律膏、這箇婆律、世人大致想到蘇門答剌以出產樟腦著名的 Baros、乃譯者以婆律是梵文樟腦 Karpūra 一字之省譯、我在前幾年、對於婆律即是 Baros 之說、曾爲附條件的承認、現在雖以此說尚不確實可靠、然較之譯者之說、似乎近眞、案婆字在譯寫中應對 a 韻母、律字應對有聲母收聲之 o 或 u 韻母、如此看來、不特說是省譯、而且在音韻上無一可能比對、樟腦在義淨所譯三十二味名稱裏面、用習見的婆律膏名稱、然謂梵名曰揭羅娑、不禁令人失望、這種譯名假定原讀 kar-rasa、我不知是否省譯、而其原名是否 karpūrarasa、至若譯者從酉陽雜俎檢出之固不婆律、而還原爲 kapur 者、我以爲祗有固不二字可對從 karpūra 轉出之 kapur、註三十 後面婆律二字、殆指出產地方、如此看來、此名之所從來、似出於一種結構類馬來語的語言。

註三十 固字或者是箇字之誤。

一九六頁 諸蕃志所誌薰香之一名稱曰薰陸者、最晚在六世紀時、中國業已識之、或者在四世紀時早已知道、註三一 二十幾年前、希爾特君曾說突厥鄂斯曼語(osmanli) 名薰香曰 künlük (günlük) 並假定漢語這箇名稱、是在很古的時代假諸突厥語的、他在一九〇九年拂菻祕密(The mystery of Fu-lin) 一文中、註三二 尚作此假定、現在乃說薰陸是從阿剌伯語的 kundur 或印度語的 kundu 或 kundura) 而來、而突厥語的 günlük 或者出於漢名、並說此事毫無可疑、這些比對頗爲巧妙、可是應該裒輯很多年代正確的材料、詳細審查、現在我以爲這三種假定皆有難題、現在先拿阿剌伯語的 kundur 或梵語的 kunduru （這是梵語中較易取證的寫法）來說、用 l 寫 d、雖然不是正例、可是困難不大、但是我想不到漢語有 h 發聲可對梵語或阿剌伯語 k 發聲之例、復次譯者說陸字古讀若 luk、這話很對、不過是用一箇喉音收聲的字對一箇 r 收聲、尤其是對 -ru 的尾音、皆與漢語譯例不合、說是薰陸出於突厥語的 günlük、也覺牽強、此處收聲恰合、其唯一音聲難題、就在發聲之以 h 對 k、但在六世紀以前、突厥居地限於蒙古、尚未佔有新疆、當此名見於漢語之時、很難同突厥發生關係、因爲這種香料不是從中亞來的、而是從廣東及越南半島同印度洋通商來的、如此看來、好像突厥語的 günlük 不能發生漢語的薰陸、尙餘者從薰陸發生 günlük 的問題、此處仍然有以 h 對 k 的難題、中亞的突厥人、在陸管的 k 聲收聲尙存於中國北方之時、所假用的漢名、照例以 kh 對 h、（華字今讀若 houa、而在迴紇文件裏面數寫人 khua、可參考 Muller, Uigurica, II, p.40）尙應知者、此名何時見於突厥語、因爲經過幾多世紀、尙在今日鄂斯曼語中重見此名、未免過於奇特、案薰草在中國任何時代皆見有之、有時同薰香相混、當薰香從南海輸入中國之時、因同薰草類似之關係、乃名之曰董陸香、又省稱之曰薰陸、頗有其可能、此說雖不能算明瞭透徹、然不能說是穿鑿、Watters(Essays on the Chinese language, p. 358) 已曾想作此解、我的意思以爲薰陸是土名、或出於迄今不知本於何種語言之名、要非 kundur、至若突厥語的 günlük、得為土名、此名後半之 -lük 、恰為突厥語的寫法、無人想到他是出於外國語言的、本草綱目著錄薰香的外國名稱有三、曰摩勒、曰吐嚕、曰多伽羅、第一箇名稱可作幾種還原、然無一種可取、我想不知道十六世紀下半葉的本草綱目此名所本何書以前暫時寧可不說、第二箇名稱已見十二世紀中的翻譯名義集、如此看來在釋藏中或能發現我們現在不知道的出處、譯者以為此名或者是梵文薰香 turuṣka 之省譯、這箇名稱發聲雖然有點不對、最初想到的當然是他、惟在此處作一斷論以前、也要將若干難題解決、因為譯文(二〇一頁)曾據本草綱目引證一箇完全譯名曰咄魯瑟劍、這就是 turuṣka 極合規則的譯名、註三三 惟說是蘇合的梵名、而非薰香的梵名、蘇合好像就是 storax 、註三四 這種解釋早見翻譯名義集、據說咄嚕瑟劍此云蘇合、後面別有一條說、杜嚕此云熏陸、由此可見其為二物、或者翻譯名義集將一物分作二物、然無證據、我們可不能辨正其誤、翻譯名義集還有一箇香名、問題更較複雜、此香名為兜樓婆、「出鬼神國、此方無故不翻、或翻香草、舊云白茅香也、」我不知道兜樓婆的原名爲何、Giles 的漢英字典說是 Platycarya strobilacea、考七世紀玄奘譯瑜伽師地論卷三中、有說香的一則、中間說有四種大香、曰沈香(agaru)、曰窣堵魯迦香、曰龍腦香、曰麝香、玄奘翻譯此論甫竣、玄應在七世紀的一切經音義卷二二裏面說、窣堵魯迦舊翻兜樓婆、按照譯寫的習慣、梵名開始好像是 stu- 舊翻名稱好像是本於梵文俗語、而其發聲之 s 業已省落、這些香名就算與杜嚕沒有關係、杜嚕一名或者也有相類的變化、如此看來、雖暫承認杜嚕即是 turuṣka、還要等待將來的證明或反證、至若第三箇名稱名伽羅、譯者假定爲伽多羅之誤、而以爲就是梵文的 khadira、同學名的 Acacia catechu (鈞案即烏丁、)這種譯法、與例絕對不合、譯者後在正誤中又考訂其原名是 tagara、祗有這種還原是對的、Julien 在他的玄奘記傳索引中早有考訂、不過 tagara 不是薰香、義淨在三十二味中說此是零陵香、顧零陵香一名薰草、(中國植物名錄二册一二七至一二九頁)大約是薰陸同薰草第一字相同、所以本草綱目以爲多伽羅是薰香的一箇名稱。

註三一　例如在南條目錄第四四七號經卷三裏面、就見有薰陸的名稱、此經是晉時(二六五至四二〇)

譯本。

註三二　見美國東方學會報（J. Amer. or. Soc., vol. XXX, p. 23.）

註三三　劍字古有m收聲、足見漢譯人聽見的原名是 turuskam 考 Böhtlingk 的字典對於此字並著陽類同中類、可是僅本於詞典、尙無他例可引、翻譯名義大集祇著陽類、漢譯名假定是出於中類。

譯三四　可是在此處也有混解、案 storax 應從 liquidambar 採出、顧有一部七世紀的著作、說有一種出於 liquidambar 的原質、近於薰香、其漢名曰白膠、（參照中國植物名錄三册四六〇頁）可是這箇白膠在翻譯名義集同義淨的三十二味裏面、皆以其梵名爲薩闍（亦作折）羅婆、則其原名應是 sarjarasa、而應改婆作娑。

二〇〇頁　我以爲篤耨的原名不是damar、其譯法與任何譯例皆有不合、至若其他假定、可參考 Watters, Essays, p. 442 同遠東法國學校校刊第四卷一七四頁。

二〇二頁　本草綱目誌有安息香的一箇外國名稱曰拙貝羅、譯者假定譯名有誤、其原名或是 khadira、或是 kunduru、此處譯名誠然有誤、翻譯名義集卷八作拙具羅、或窶具羅、（此名見義淨所譯三十二味名稱之中）或求求羅、則其原名應是 guggula、此物在當時所指者、不是僅在馬來羣島出產的純粹安息香、而是從 Blasamodendron africanum 提出的安息香。

二一八頁　朝霞之意不是「宮庭紅色」、乃是早晨的露氣、與梵文的 kauceya 似無關係、可參照遠東法國學校校刊第四卷三九〇頁同 Watters, On Yuon Chwang's Travels I, 287.

二一九頁　南詔不是老撾（Laos）、乃是雲南。

二二〇頁　關於越諾的考證、可參考遠東法國學校校刊第四卷四八三頁。

二二五頁二二七頁　說罽賓是 Caboul、毫無根據、罽賓在漢時指的是克什米爾（Cachemire）、七世紀中葉以後、指的是迦畢試（Kapiça）。

二二八頁　玉篇不是五世紀的撰述、其成書之年在五四三年、參考遠東法國學校校刊三二三頁。

二三一頁　凡屬中國寶石名稱的問題、須待詳細研究、車渠一名見翻譯名義集卷八、引尚書大傳云、大貝如車之渠、尚書大傳應是鄭玄的尚書大傳、則車渠名稱不僅始於八世紀、應上溯至二一世紀時。

這篇評論報告、在表面上、好像將譯者的實在功績埋沒、其實不然、這部譯文可以說是一種重大工作、任何東方學家皆當利用、我以爲與其說明我同他們意見完全相同諸點、不如將尙有疑義諸點指出、較爲有益、這部諸蕃志譯註、實在是本年三四種有價値的出版物之一種。

宋初越南半島諸國考

馬司帛洛 Georges Maspero 撰

現在賴有河內遠東法國學校校刊二十五年研究之成績、越南半島各國歷史的輪廓現已充分明確、似可從事研究其間之關係、顧在研究以前須先闡明恆河東方半島歷史最具特性時代之政治地理。

有宋一代、似爲最適於此種研究之時代、其事較易、而其成績較多、緣其間正確史料不少、而在歷史方面亦甚重要也。

其中最可寶貴者、要爲中國載籍、太平寰宇記一書、關於外國部份、所言者並非太平興國時（九七六至九八四）之外國、要爲裒輯宋代以前之史文、註一 而裒輯之時未嘗加以審查鑑別、茲姑置此書不論、現存宋代關於越南半島引證比較明確之普通或特別撰述、都有四種、一爲一一七八年刊周去非撰嶺外代答、註二 次爲一二二五年刊趙汝适撰諸蕃志、註三 又次爲十三世紀末年或十四世紀初年馬端臨撰文獻通考、註四 最後爲十四世紀中葉脫脫等所修之宋史。

註一　例如關係眞臘 Khmèr 之國境者、則爲八一三年此國入貢中國時之史文、（太平寰宇記卷一七七）又如赤土傳、（同卷）所錄者乃隋書（卷八七）六〇六年常駿等奉使赤土國行紀。

註二　此後省稱代答。

註三　諸蕃志多錄嶺外代答之文、附以其提舉福建路市舶時見聞詢訪之事、此書已經 Hirth 及 Rockhill 迻譯、題曰 Chau Ju kua. His work on the Chinese and Arab trade in the twelfth and thirteenth centuries, entitled Chu fan chi. St.-Pétersbourg, 1911. 關於諸蕃志撰述之年代者、可參考一九一二年通報四四九頁伯希和 Pelliot 撰文。

註四　越南半島諸國傳見四裔考中、其南方諸國傳、Hervey de Saint-Denys 有譯文、題曰 Ethnographie des peuples étrangers à la Chine, Méridionaux, 1883. 此後省稱通考。

此類撰述之可注意者、所錄類皆航海者之說、至如唐代賈耽道里類之陸地行程、茲皆無之、註五 所以有助吾人考訂沿海諸國之政治地理者多、而能助吾人考訂純粹大陸諸國之政治地理者甚寡、宋代越南半島中部及其東北境地圖職是頗難繪畫、茲擬輔以地方年曆爲之。

註五　其故則在宋與越南半島之交際爲南詔所隔絕、惟堪注意者、關於南詔之中國撰述、如一五五〇年楊愼撰南詔野史之類。對於宋時與南詔接界諸國皆略而不言、晚至元代始在招捕總錄（守山閣叢書本）見有記述十三世紀末年蒙古遠征西南夷時越南半島北部民族之事、然所記者頗爲混淆、非詳加研究不能利用也。

此種發端研究雖然尚欠完備、然可想像紀元九六〇年前後越南半島之政治情形。九六〇年宋太祖受周禪、時安南都護府註六尚列中國版圖、然在事實上、自五代以來業已完全獨立、時有吳權註七建立一種本地王朝、然未久即敗、九六五年其末王昌文註八戰死、吳氏遂亡、九六八年丁部領註九建國號大瞿越、自立爲帝、始正式脫中國藩屬而自主。

其國東南薄海、西北雖羈縻沿界諸蠻、而國境不逾今之東京平原、羈縻之地止於何處尚難確定、惟知潘美取廣州後二年、（九七三）丁部領入貢於宋註十似在北境已羈縻欽邕二州沿境諸蠻、一二五〇年頃、其西界接白衣蠻、註十一顧此地一帶之山地居民概屬歹夷 Thai、今昔皆然、則白衣蠻殆指此族也。

註六　昔之安南都護府疆域、包括今之東京與清華全省、有時兼轄乂安。

註七　吳氏始九三九迄九六五年、吳權自立爲王時建都古螺、地在今北諸省內。

註八　昌文（九五一至九六五）初與其兄昌岌（九五一至九五四）共主其國、昌岌死、昌文獨居其位、（九五四至九六五）

註九　丁部領爲丁朝（九六八至九八〇）建國之始祖、號大勝明皇帝。

註十　時在開寶六年（九七三）五月己巳、見宋史卷三、宋史以入貢之王爲丁璉、案璉爲部領長子、雖有南越王之號、似未襲爲國王。

註十一　見諸蕃志卷上。

大瞿越南境與占城 Champa 接界、惟兩國戰爭不息、國界時常變更、宋史（卷四八九）占城傳云、占城國北至驩州界、案驩州大致可當今之清華、則九六〇年時大瞿越與占城之國界大致可當今日清華乂安兩省之省界。

根據散見載籍之文、大瞿越似仍如唐制、分爲六州、交州峯州長州居今之東京平原、愛州演州驩州之境、則延至清華乂安一帶。

九六〇年時、吳氏之都城固在古螺、然九六八年、丁氏則徙都於今寧平清華兩省間之華閭、註十二 九九〇年宋遣宋鎬等往封黎桓、註十三 華閭尚不成爲城、蓋「城中無居民、止有茅竹屋數十百區、以爲軍營、而府署湫溢」、又觀宋使所言國王形貌、衣冠、嗜好、與夫宮廷軍民之情形、頗有輕蔑不足道之意、具見交趾雖經中國數百年之統治、風俗頗陋、而文化甚低也。

註十二 昔之華閭、即今之長安上下兩村。

註十三 並見通考四裔考、及宋史卷四八八、時在淳化元年（九九〇）夏。

其隣國占城 Champa 則反是、占城薰染印度文化甚深、而其財富在當時頗著名於東亞。

其國當時約占今之安南本部全境、惟將清華一省除外、其界東至海、北接大瞿越、南接眞臘 Khmèr、其南境大致即以今日安南本部與南圻 Cochinchine 之分界爲國界、其地森林偏布、今甫有鐵道通行、諸蕃志云「國南五七日程至眞臘國、」是亦柴棍 Saigon 衙莊 Nhatrang 鐵道未通行以前、沿海步行自安南本部最南省會 Phantiet 至南圻最北省會婆吡 Baria 必須之時間」

其西則倚安南山系、山勢峭峻、森林繁茂、通行甚難、山中居民占城人總名之曰山人 Kirātas 或野人 Mlecchas、而碑文則著錄有若干部落、其南在藩籠 Phanrang 境內則有 Vrlas、清華富安兩省之西則有 Ramdaiy、平定省中則有 Madas、疑卽今日吾人所稱之 Djarai、

安南山系以外、則爲眞臘 Khmèr（吉蔑）帝國、諸蕃志謂占城「西接雲南、」頗不可解、案雲南一名、始見於唐玄宗時（七一三至七五六）自南詔建國以後、此名已不適用也。

十世紀末年、占城以四方名其區域、則其大區域數應有四、通考及宋史著錄有三州之名、「南曰施備州、西曰上源州、北曰烏里州、」施備有作陁備者、設施備非誤、似卽 Çri Vi (jaya) 之省譯、此城在今平定省內、則爲其最南之州矣、據十一世紀之載籍、賓瞳龍 Paṇḍuraṅga 一地不視爲州、而視爲當時之一屬國、嶺外代答、諸蕃志、與夫

占城碑文所誌皆同也、註十四 諸蕃志於占城條著錄此國外、並爲賓瞳龍別立一條、註十五 顧考諸蕃志占城條、「國南五七日程至眞臘國」之語是時之賓瞳龍似已成爲占城之一州。

註十四 占城碑文云、一〇四四年賓瞳龍之人數叛占城諸王、而不服新君、後於一〇五〇年納款、一〇八四年占婆王重將賓瞳龍征服、時此國別立國王已有十六年矣、關於諸碑文者、可參考鄙撰占婆史、（已有漢譯本。）

註十五 諸蕃志之賓瞳龍、嶺外代答卷二並作賓陁陵、宋史卷四八九注輦傳作賓頭狼山、新唐書卷四三下賈耽道里作奔陀浪。

宋史又云、「所統大小州三十八、不盈三萬家、」此種大小州與前述之三州有何分別頗難言也、占婆碑文則分其區域爲 pramāṇa 與 vijaya 兩種、前者似爲行政區域之稱、後者似爲封建采地之號、然據今日吾人之所知、不能考訂中國載籍所誌諸名可當碑文中之何地、亦不能知其地確在今之何所、惟諸蕃志所誌占城諸屬國中、有名烏麗者、似即美山一碑文中之 Ulik、又若蒲羅甘兀、註十六 必爲一島無疑、然不能知其爲安南沿岸之何島、又如碑文著錄之區域、若 Amarāvati 者、似可當今之廣南省、Vijaya 可當今之平定省、Kauthāra 可當今之慶和省、究竟爲行政區域抑爲封建采地、今亦不能知之。

註十六 Hirth 諸蕃志譯文考訂其爲 Poulo Condor、(鈞案即崑崙山)此說余未敢以爲是。蓋此島在瀾滄江 Mekong 口外、應屬眞臘也、(鈞案原文曰「舊州烏麗日麗越裏微芮賓瞳龍烏馬拔弄容蒲羅甘兀亮寶毗齊、皆其屬國也」其中烏馬拔、疑爲 Amarāvati 之省譯、毗齊必爲 Vijaya 之對音、蒲羅固得爲 Poulo 之譯寫、馬來語此言島、然亦得爲 pura 之對音、梵語此言城、然考馬來語地名 Tanjong-pura、此言地岬城者、南海中頗常見之、諸蕃志蘇吉丹條下有「丹戎武囉」、又註言「丹重布囉」、應即其對音、則弄容蒲羅或當連讀、而弄容得爲丹容之誤、不應以蒲羅甘兀爲一地之名、甘兀或與亮字連讀、寶毗齊得爲室毗齊之訛、室字疑是 çri 之省譯。)

十世紀末年占城之都城名因陀羅補羅 Indrapura、亦名「名曰占婆(Champa 之城、」已見東陽 Dông-duong 碑文著錄、其城在吾人視爲可當今日廣南省之 Amarāvati 區域以內、今日茶麟 Tourane 南約五十公里有東陽廢城。設此考訂非誤、此城古蹟甚夥、昔日居民必衆、註十七 觀此古蹟之重要、並與美山廢蹟中諸神祠之相隣、具見占城古都之富盛、而不免眞臘安南中國之侵略也。

註七 水經注卷三六所誌六世紀初年之林邑都城、得爲十世紀之因陀羅補羅、可參照伯希和撰交廣印度兩道考、（亦有漢譯本）

其海港名僧伽補羅 Siṅhapura、伯希和考訂其爲水經注之大占海口、又謂僧伽補羅水可當水經注之林邑浦。

因陀羅補羅地近瞿越、易受外侵、故當紀元一千年頃、占城遷都於佛逝 Vijaya、今日平定省中之闍盤廢址、蓋其遺蹟、諸蕃志謂「國都號新州」蓋指歸仁灣中之海港、非都城也。

眞臘 Khmèr 接占城之南、其東南南至海、其正南至暹羅灣、而在馬來 Malacca 半島、則與蘇門答剌島 Sumatra 室利佛逝國 Çrīvijaya 所屬之加羅希國 Grahi 接界、其西則爲猛 Môn 種所建之 Rāmaññadeça 國。

上述之境界並見中國載籍著錄、余惟改蒲甘 Pagan 爲 Rāmaññadeça 而已、蓋其所誌者、乃一一一六及一一二八年間入貢中國時之情形、則在一〇五七年蒲甘王 Anuruddha 侵併 Rāmaññadeça 之後、此猛種所建國時已不成爲國、而爲蒲甘之一省、第在九六〇年、地處眞臘之西、質言之、其南境接眞臘者、尙爲此 Rāmaññadeça 國也。

觀中國載籍所言之大國、其爲瀾滄江 Mekong 與湄南江 Menam 下流之吉蔑 Khmèr 帝國無疑、惟應確定者、其北界止於何地而已、關於此節、中國史無明文、蓋自皮邏閣併六詔而自號爲南詔王以後、中國與越南半島諸國交通隔絕、且屢次失利、故九六七年王全斌平蜀之後、欲取南詔、宋太祖以玉斧畫大渡河 註十八 爲界、而棄越嶲諸郡、南詔益不通於中國、晚至二百年後、元代始取其地、元明諸史地理志所載、已列中國版圖的雲南之事固詳、然十三世紀以前之事闕焉。

註十八　大渡河爲揚子江左岸支流岷江西岸之一支流、是爲當時南詔之北界。

南詔國在宋時名曰大理、則考宋史（卷四八八）大理國列傳、必可知十世紀此國南境止於何處、其實不然、宋史亦闕而不言、案當時大理國之南境及東南境、似不逾洱海流域、其西南則以瀾滄江與怒（一作潞）江之分水嶺爲界、本國以外、則爲所屬之十七瞼 Xień 註十九 十瞼在洱海之南、七瞼在六詔與十瞼之西南、其與南詔之關係似不甚密、有時且與之相爭戰、諸瞼之名不見於楊愼之南詔野史、惟見於其後二百二十五年（一七七五）胡蔚補註、姑不論此種註釋之價値、南詔國最南之區域要爲威遠瞼也、據馬史帛洛 H. Maspero 註二十 所引明一統志之文、謂普洱縣境即在此瞼、則當時南詔盛時之南境、應爲此瞼南界之山。

註十九　暹羅語作 Xień 是爲瀾滄江上流歹夷行政區域治所之稱、其意與一般歹夷所稱之 Muoń（漢譯作孟、一作蒙、今亦作猛、）相等。

註二十　參考遠東法國學校校刊第十八卷「八世紀至十四世紀間安南與東浦寨之境界」一文。

威遠境外則爲 Sib soṅ phan na 此言「一萬二千稻田國」、其都城名曰 Xień Ruṅ 亦名 Xień Huṅ、註二一 地方紀年則名之曰 Ālavirastrā、一三〇〇年時元平其地、置徹里軍民總管府、徹里一作車里、此國包括車里 Xień Ruṅ 及思茅 Muon La 兩地、有時兼有普洱、其南境不出雲南省外。

註二一　庸那迦國 Yonaka 紀年云、Xieṅ Ruṅ 或 Siṅ Sóṅ phăn nà、即中國人所稱之車里、亦名 Alav-iraṭṭha。

八六三年樊綽在蠻書（卷十）謂眞臘與鎭南蠻接界、馬司帛洛以爲應求其地於普洱或思茅兩地之中、則其地約當車里之北部、又據碑文所載、四十年後甘蒲闍國 Kambujadeça（眞臘）國王 Yaçovarman 謂其「國境與中國及海水相接」

註二二　此處之中國必非唐國而爲南詔。

註二三　參考鄂撰「吉蔑帝國」三三頁以後。

案車里 Ālaviraṣṭra 久列金城國 Xieṅ Sen 註二三 之版圖者也、註二四 則金城國應與南詔接界、註二五 考金城國紀年、尙保存有其國隸屬眞臘時之遺事、據云、昔有王名 Sūryavarman、其子名 Āyakumāra者、來居此 Xieṅ Sen 城、當時此城名曰金城 Suvarṇagrāma、又云、後國王 Sūryavarmau 之國師 guru 婆羅門名 Vāhira 者、被逐出國、在今 Muon Faṅ 附近建設一城、名曰石洞城 Unmārga-çilānagara、至 Āyakumāra 後嗣已絕之時、婆羅門 Vāhira 之後裔、遂爲金城國主、庸那迦國紀年並云、「自是以後、吉蔑人遂爲國患」庸那迦國紀年又引 Muon Bayao 紀年、謂此城乃 Khun Com Dharma 在一吉蔑舊城廢址之上所建之城。

註二三 此國老撾 Laos 語作 Sŭvănnă khôm、梵語作 Suvarṇa grāma、此言金城、惟 Khôm 在通行語言之中訓爲燈、故此國又有金燈故事。

註二四 庸那迦國紀年云、庸那迦 Yonaka 國分爲二部、北部爲 Ālavīraṣtra Xieṅ Ruṅ sib soṅ phăn nă Lu、其北境與大 Muon Se（大理）之 Ho 國（中國）接界、南部爲 Yonaka Xieṅ Sen 當其隸屬吉蔑帝國時、其南境與八百 Haribhuñjaya(Xieṅ Mai)接界。

註二五 庸那迦國紀年云、Yonakanāgabandhu（金城或 Xieṅ Sen）國境北至 Krasé 大湖（洱海、）Mithilaraṣtra 大國（南詔國）以此爲界。

由是觀之、當 Yaçovarman 在位之時、吉蔑領地與南詔之國境相接、無可疑也、其在宋初情形是否相同、吾人雖無確證、然當時君臨甘蒲闍 Kambujadeça 而歿於九六八年之 Rājendravarman 似曾爲一名王、則不能假定其國境之減削也、又一方面在十二世紀及十三世紀之初、吉蔑人時常侵入大越國 註二六 南方諸省、其侵入之道、則由今日老撾之 Kham muon 與 Kham khü't 二省通乂安之霧濕山、質言之七七二年土酋梅玄成（一名梅朮鸞）援軍經行之一道、或亦爲新唐書地理志賈耽道里之所經、則其領土及於瀾滄江上流、并非一種特別事實、約治其地亦已久矣、由是可以推想九六〇年 Rājendravarman II 在位之時、吉蔑帝國之領地、如同 Yaçovarman 時代、亦抵瀾滄江上流、而與南詔國境相接也。

註三六　一〇二八年安南改大瞿越爲大越、關於眞臘侵寇安南之事者、可參考越史略卷三、大越史記全書卷三卷四、越史通鑑綱目卷四卷五、所誌一一二八年、一一三二年、一一五〇年、一二一六年、一二一八年等年入寇之事。

至在湄南江流吉蔑國之領土、南至部、北至金剛城、Kămphĕngphĕt 而搆成當時之羅斛（Lvo 或 Lavo）國相傳昔日吉蔑兵敗天帝幻一金剛城以援之、當時北方歹夷神話英雄 Brahma Kumāra, Khŭn Cuan, Lava Con 雖取南掌 Lan-xan(Luan-Praban) 交州 Culanīnagara 其兵不能逾此、北方歹夷紀年當時曾視羅斛爲吉蔑領土、故其紀述 Vasudeva 及 Sukadanta 二仙建設 Haribhuñjaya

（景邁或八百 Xien Mai 之古稱）之時、曾求羅斛之吉蔑王册命一王君臨此國、又考此城附近之碑文、上勒規定廟寺戒律詔勅、所題君主之名、即爲吉蔑國王、可以證矣。

金剛城以北之地、似爲土酋所治、僅屬吉蔑國之羈縻而已、十世紀末年此種地域之政治狀況頗難知之、雖不乏地方紀年可考、然其中傳說多而史事少、其年代則以刧 Kalpa 計、不以年計、而同一時代紀述吉蔑（眞臘）中國之載籍有助於整理此類紀年者亦復甚寡、通考及宋史所誌一一一六與一一二八年間之貢使者、僅言其屬邑有眞理富、此地應是諸蕃志之占里婆、一一七八年之嶺外代答、則謂「其旁有窣裏國、西棚國、三泊國、麻蘭國、登流眉國、第辣撻國、眞臘爲之都會、窣裏國雖有距蒲甘國六十程之文、然不能爲諸蕃志譯文所假定之老撾或 Karens 人所居之地、至若麻蘭國得爲眞臘風土記之莫良、伯希和雖識其爲碑文中之 Malyang、然尚未詳其所在。註二七 西棚國雖并見諸蕃志、然其今地亦在未詳之列、第辣撻之情形亦同、其中無一名與湄蘭江流域之國名相合者、諸蕃志謂「登流眉、波斯蘭、羅斛、三濼、眞里富、麻羅問、綠洋、吞里富、蒲甘、窊裏、西棚、杜懷潯番皆其屬國也」其中國名除蒲甘外、祇有羅斛一名不成問題、所指者必是 Lavo 至若三濼之三、諸蕃誌譯文以爲即眞臘 Aṅkor-vat 刻文中 Syām kuk 二字之 Syām、而謂其爲暹字之對音、然無確證、昔日之暹蓋指速古臺 Sukhodaya 國、嗣後此國併入吉蔑所領之羅斛以後、始名其國曰暹羅斛、或暹羅、然此暹羅一名、始見於一三七〇年、則在諸蕃志成書以後百二十年、而諸蕃志本書之成、且在宋朝開國後三百年也。

註七　可參考遠東法國學校校刊卷二中伯希和撰眞臘風土記箋註。

十世紀末年湄南江流域之政治狀況中國載籍既無著錄、茲祇能取不完備的地方紀年、而考九六〇年頃金剛城以北諸國之情形、當庸那迦第一國王 Meṅ Rāy 在位之時（宋末、）「百萬稻田國」（庸那迦國 Youaka）境內似有國不少、其中強者有時稱霸、如速古臺 Sukhodaya 國、又如後爲景邁 Xieṅ Mai 國之 Haribhuñjaya 或 Lambhuñ 國、金城 Suvarṇagrāma 或 Xieṅ Sen 國、車里 Xien Ruṅ, Alavirāṣtra 國、皆是已、惟諸國互相攻伐、不知合從以拒吉蔑、是以常隸屬之但北方紀年間常誌有速古臺國國王 Phra: Rùàng 脫吉蔑屬藩之事、Lambhun 國紀年亦誌有一王名 Vatrāsataka 或 Atrāsataka 者曾起兵攻伐「羅斛之吉蔑人」而在十一世紀初年爲吉蔑所敗、其國質言之今之景邁、因以隸屬吉蔑、並言處 Kamalarāja 王在位之時、全國迄於 Xieṅ Sen、咸皆隸於吉蔑。註二八

註二八　並見庸那迦國紀年。

由是觀之、湄南江流域及瀾滄江流域一帶、根據地方傳說、自十一世紀始、即屬吉蔑管領、觀其國力達於 Xieṅ Sen 一事、足證其國力並達此二江流域、而此城以南之地皆屬吉蔑之領土、其地固不無反抗之土酋、然亂事未久即平。

當時之孟艮 Xieṅ Toṅ、即庸那迦國紀年所稱爲 Lava 國、而視其爲庸那迦國最初居民所自出之地者也、是否亦隸吉蔑、今尚無跡可尋、昔日其國土抵於景邁、今日其人則伏處孟艮城周圍山中、其國在當時似有時隸於吉蔑屬國之金城國、有時隸於歹夷所建之憍賞彌國 Koçambi、註二九 惟事有不可解者、諸國紀年乃名此國曰吉蔑國 Khmèrraṣtra。

註二九　此憍賞彌國（鈞案非印度同名之國）國力常及湄南江上流、明史卷三一三孟艮傳、謂其地景泰中（一四五〇至一四五七）爲木邦所征服、明史之木邦、即此處之憍賞彌也。

吉蔑帝國之西南、包含馬來 Malacca 半島之東北部、而抵於隸屬室利佛逝 çrī-vijaya 國之加羅希 Grahi、宋史謂在眞臘（吉蔑）西南隅之眞里富、余擬位置於 Pexaburi 一帶、蓋眞臘之南境既抵加羅希、而此加羅希、據 Coedès 之考訂、註三十可當 Jaiya 地方、在今日地圖中則作 Chaiya、地在 Bandon 灣中、若不於此處求眞里富、似無他地可以位置也、宋史謂眞里富東南接波斯蘭、西南與登流眉爲隣、「波斯蘭固並見通考及諸蕃志、或亦爲眞臘風土紀隸屬眞臘之八廝里、然未能詳其所在、登流眉亦見諸蕃志、Hirth 及 Rockhill 之譯文以爲即別見宋史（卷四八九）之丹眉流、伯希和（交廣印度兩道考）以此丹眉流爲昔之 çri Dharmarāja 今之 Ligor、然若採用此種考訂、則不應位置加羅希於 Jaiya、否則丹眉流非 Ligor 矣、現爲愼重計、暫置此種考訂不言、惟據通考及宋史、眞里富所部有六十餘聚落、似可證其在 Pexaburi 地域之中。

註三○　見室利佛逝考。

吉蔑帝國之行政區域名 srok、此一○一一年 Angkor thom 之誓辭碑所著錄者也、其碑有九、惜其文皆殘缺不完、根據其文尋究之、或可確定甘蒲闍國之行政區域、茲暫從艾莫涅 Aymonier（柬埔寨考）根據此種碑文所勒行數人名之計算、其國之 srok 大致應有四百。

其都城昔建於相傳名曰「大都」Aṅkor thoṃ 之廢址、其國王 Yaçovarman 曾名之曰甘蒲城 Kambupnri、其國曰甘蒲國 Kambujadeça 其民曰甘蒲闍 Kambuja、此言「生於甘蒲」者也、此王時代曾於此城大興建築、但至其弟 Jayavarman IV 在位之時、遷都於昔之 Cok Gargyar 今之 Koh ker、惟至其幼子 Rājendravarman II 在位之時、復又徙都於甘蒲城、時其城久荒、遂修復之、九六○年時其國都城即在此處、吾人固無此時代之碑文可考、然其狀況與三百年後周達觀眞臘風土記所言之都城大致相差不遠、而其廢址之壯麗、今尚可以見之。

甘蒲闍國南抵馬來半島之加羅希、此加羅希國處半島山脊之東、即吾人今日所稱之 Kra 地峽是已。

當十三世紀中葉趙汝适撰述諸蕃志之時、此國隸屬蘇門答剌島之室利佛逝 Çrivijaya 國（三佛齊國）其在十世紀末年是否亦然、吾人不知、然考宋史「南抵加羅希」之文、九六〇年時此國應在眞臘境外、惟宋史之文實爲十二世紀初年之消息、似可假定其在 Rājendravarman II 時代直隸眞臘、即或不然、可以根據十三世紀 Jaiya 地方之佛像刻文、可見當時所受眞臘影響之大、註三一 其國縱非同時隸於眞臘室利佛逝兩國、要必繼續臣於二國、而爲二國間之緩衝國也。

註三一　參考 Cœdès 撰室利佛逝國考第三篇加羅希國考、（遠東法國學校校刊第十八卷）又 Ferrand 撰蘇門答剌古國考。（已有漢譯本）

姑勿論當時此國之政治狀況若何、加羅希以南之馬來半島、似全屬室利佛逝、十世紀末年時此地之確實消息、吾人固不獲知之、茲特據十三世紀中葉諸蕃志之文想像其當然也、夫欲了解諸蕃志之文、須先詳馬來半島之地勢、馬來半島全爲山脊所構成、山上森林密佈、今尚爲野人所居、山澗急流從東西兩岸分流入海、東岸山谷較廣、兩岸低地構成無數小城、幾皆城各爲國、國土雖狹、然爲從印度赴中國便利交通之海港、因此形勢頗爲重要、此種小國前此未久之狀況、尙與諸蕃志所誌者相同、復考十一世紀上半葉注輦王 Rājendracoḷa I 碑文、註三二 著錄此王所取諸國之名、可以證明宋初之情形亦復如是、則研究諸蕃志之文、尤應特別研究三佛齊國（室利佛逝）諸屬國名錄、必可確定九六〇年馬來半島之政治狀況。

註三二　參考蘇門答剌古國考漢譯本三二頁。

諸蕃志（卷上）三佛齊國有屬國十五、其前十國可因其地勢習俗分爲兩類。第一類爲北方之五國、其一爲前述之加羅希國、與眞臘接界、在 Bandon 灣中、可當今之 Jaiya、一爲單馬令 Tāmbraliṅga、在半島東岸、逕在加羅希之南、疑即今之 Ligor、一爲日羅亭 Mā Yirudiṅgam、註三三 別有拔沓、潛邁、尙未詳其所在、Schlegel 及 Gerini 謂在蘇門答剌島、誤也、上述諸國雖隸室利佛逝、然所受眞臘文化薰染似深。

註三三　關於單馬令日羅亭二國之考訂者、可參考 Coedès 之室利佛逝國考。

第二類爲南方諸國、曰蓬豐 Pahang、曰登牙儂 Treṅganu、曰吉蘭丹 Kelantan、曰佛羅安 Beranang 註三四

註三四　並見 Hirth 之諸蕃誌譯文。

南北兩類諸國之間有凌牙斯加國、質言之 Kaḍāram 或 Laṅkasuka、註三五 其國或居半島兩岸。

註三五　參照 Hirth 諸蕃誌譯文、伯希和交廣印度兩道考、又 Huber 在遠東法國學校校刊卷四、謂其梵名作 Lĕṅgkasuka 而猛 Mōn 語作 Naṅkasi、今 Tenasserim 是已。

諸國重要不等、注輦王 Rajendracoḷa 所言其在馬來半島攻取之地、僅著錄有單馬令 Tāmbraliṅga 曰羅亭 Mā Yiruḍiṅgam 迦茶羅 Kaḍāram（凌牙斯加）三國、當時之迦茶羅國、應爲半島中最強之國、蓋室利佛逝王自號爲「室利佛逝迦茶羅」王也、兩百年後之諸蕃志僅有單馬令凌牙斯加（迦茶羅）佛囉安三國有傳。

其實諸國多爲不重要之小國、而中國人重視之者、因其爲西方航路中停舟之港、可

以宋史丹眉流傳證之、此國即單馬令、亦即今之 Ligor、宋史未言其國界、僅著此港距南海諸國之路程、據云東至占臘（眞臘 Khmèr ）五十程、南至羅越 註三六 水路十五程、西至西天（東印度）三十五程、北至程良六十程、東北至羅斛 Lavo 二十五程、東南至闍婆 Java 四十五程、西南至程若十五程、西北至洛華二十五程、東北至廣州一百三十五程、」此國雖隸室利佛逝、然其王在咸平四年（一〇〇一）曾入貢於宋、（並見宋史卷四八九）

註三六　伯希和交廣印度兩道考考訂其爲今之柔佛 Johore。

九六〇年國於眞臘之西者、名 Rāmaññadeça 國、即 Rmeñ 人或 Rman 人之國、亦即今人所稱猛 Môn 種之國。

關於此國之中世紀史料、其實甚稀、此國位於航海大道之外、八〇二年驃水 註三七 Iraouaddy 中流之驃 Pyu 國、固曾隨南詔使臣入貢於唐、然同一江流江口之 Rāmaññadeça 國、當時中國似完全不知有之、惟至三百年後、註三八 中國始與此地之新主蒲甘 Pagan 國王 Kyanzittha 締結國交、時猛種所建之國喪失獨立已五十年矣、諸蕃志謂蒲甘曾於景德元年（一〇〇四）同三佛齊 Çrivijaya 大食 Arabes 二國入貢、實誤以蒲端作蒲甘、考宋史卷七本紀斯年入貢之國即作蒲端、而卷四八九蒲甘傳亦無景德元年入貢之文、故知其誤、宋史同卷占城傳謂占城東去蒲端國七日程、則此蒲端國應在呂宋羣島 Philippines 中求之矣。

註三七　鈞案新唐書地理志賈耽道里名此水曰麗水、蠻書作祿鄖水。

註三八　崇寧五年（一一〇六）並見宋史卷二十及卷四八九、通考四裔考、嶺外代答卷二、諸蕃志卷上。

唐代之人固不識此國、大食國人已早識之、九四三年 Masudi 撰之「金草原」曾言有 Rahmā 國、世人常名此國之王曰 Rahmā、又謂此國與其鄰 Gudjra 及 Ballahrā 二國相爭戰、Rahmā 國境兼海與陸、而在陸地一方與 Lakṣmīpura 國之壤地相接。註三九

註三九　見 Ferrand 撰「關於東亞之大食波斯突厥文地誌及行紀」第一冊所引「金草原」之文。

惟應注意者、金草原之文蓋爲轉錄八五一年大食商人蘇黎滿 Sulayman 行紀之文、則十世紀時關於 Rāmaññadeça 國之大食記述、實爲百年前之記述、而余尙應

附帶聲明者、此種消息似間接傳自印度、蓋若蘇黎滿親至此國、必著錄其國之境界、而此處僅言與大食商人直接發生關係之印度民族、足證其足跡未至此國也。

金草原謂 Rāmaññadeça 與 Guejra 及 Ballahrā 二國爲隣、蘇黎滿並將敕勤 Tekin 國加入其隣國之列、註四十 其事似誤、蓋 Gudjra 即 Gūrjara、亦即今之 Gurjarat 諸蕃志之胡茶辣、註四一 Ballahrā 則爲大食語所稱 Raṣṭrakūta 之名、案此 Raṣṭrakūta 曾於七五〇年推翻遮婁其 Calukya 朝而統治達嚫 Dakṣiṇa 地域迄於九七三年者也、註四二 敕勤國則在信度河 Indus 之上流、此 Raṣṭrakūta 朝盛時、其國勢固曾及於榜葛剌 Bengale 惟在蘇黎滿及金草原之時代、君臨此國者爲 Pāla 朝、九世紀下半葉中有王名 Devapāla 者、已曾征服昔之迦摩縷波 Kāmarūpa 國、今之 Assam、此迦摩縷波國即大食著作視爲 Rāmaññadeça 隣國之 Lakṣmipura 者也。註四三

註四十　並見大食波斯突厥地誌及行紀第一册。

註四一　鈞案此國西域卷十一作瞿折羅國。

註四二　參照 Smith 撰印度古代史。

註四三　參照印度古代史、Devapāla 在位之年、疑在八五三至八九三年之間。

姑勿論蘇黎滿及金草原之根據何在、得謂 Rāmaññadeça 國之境界已抵榜葛剌與迦摩縷波、則已將今之 Arakan 包刮於其境內矣。其境東接甘蒲闍國、前引大食撰述 Rahmā 國境兼海與陸之文、足證此國已將今之 Mergui 羣島包刮在內、則使其境東南接馬來半島中之加羅希國矣。所餘者、怒江 Salouen 與麗江 Iraouaddy 流域之北境而已、據余所知、無一史料可供參考、但在麗江流域之中、必遠在室利差呾羅 çrīkṣetra 之北、應在今日驃城 Prôme 與蒲甘 Pagan 之間、或即在今上下緬甸分界之處、至在怒江流域、其界必在今日怒江江流甚狹流入 Karénie 境內之處。

其分界如此、則 Rāmaññadeça 國自東徂西、包刮下列諸國、

郎迦戍 Nankasi 或 Dhanaçrī、今之 Tenasserim。註四四

註四四　Huber 以為即一三〇九年滿者伯夷 Medjapahit 國王 Hayum waruk 所征服之 Leng Kabuka國、Coedès 在室利佛逝考中反對此說以爲 Lengkasuka 即是 Ilangāsogam、地在羯茶 Kedah 國之南、伯希和在交廣印度兩道考中考訂隋書之狼牙修與義淨之郎迦戍、即是 Nankasi＝Tenasserim。

Thavai 今之 Tavoy。

今日吾人所稱之 Mergui 羣島、此島因對岸之城得名、猛語今名之曰 Bik。

金地 Suvarṇabhumi、或 Sudhammavati、猛語作 Sathu'in、緬語作 Thaton

今日怒江流域之 Mattmah 或 Martaban 是已。

Sitaung 流域中之 Hamsavati、亦名 Bago、吾人今名之曰白古 Pegou。

麗江流域中之 Dala、此地在紀年中則名 Rāmavati。

Bāsim、吾人則名之曰 Bassein

Rakhu'n 吾人名之曰 Arakan、在紀年之中則名墮羅鉢底 Dhañavati、或 Dvāravatī、亦名羅刹補羅 Rakṣapura 註四五

註四五 新唐書卷二二二下驃 Pyu 國西南之墮和羅、其爲 Dvāravatī 或 Arakan 無疑、然此名暹羅

古都城 cri Ayodhya 與南方撣 Shan 族諸國亦有用之者。

由是觀之、Rāmaññadeça 國與其謂爲統一之國、勿寧謂爲一種聯邦、有一時代其地國王且不止七人、共以較強國王一人爲之長、九六〇年時稱霸者爲金地國王、其都城 Sudhammavati (Sathu'm)、昔以其宮廷奢華、建築壯麗、技藝精巧、學者淵博、著名於世、其域或者並爲小乘佛敎之一中心。

其地並有不少印度商場、其中最古者殆爲 Prôme 城南六英里之室利差呾羅、其常見著錄者、則有昔 Haṃsavati 國內今白古附近之 Pokkharavati 及 Trihakumbha 二城、昔 Dala 國內今仰光 Rangoun 城所在之 Asitañjana 及 Rāmavati 二城。

此麗江上 Rāmaññadeça 國北、昔有一國、頗難舉其名稱、緬甸紀年則名其國曰蒲甘國 Pagan Arimaddanapura、其在一〇四四年即位之 Anuruddha 王、曾南取猛種之國、斥地至海、北服歹夷 Thai 之地、與南詔連界、此國應是唐時之驃 Pyu 國、其在唐時固爲越南半島之一大國、然在九六〇年時則降爲一種不重要之小邦、其境界僅限一都份麗江流域、南起 Rāmaññadeça 最北之室利差呾羅北至隸於憍賞彌 Koçambi 歹夷之 Singu、其政治狀況究竟如何、頗難知之、緬甸紀年僅言其有爭權奪位之人、並言宋初有一種植胡瓜之園丁據有王位、註四六 民話多於事實、未足據也。

註四六 可參考 Huber 在遠東法國學校校刊卷五卷九卷十四中所撰文。

此蒲甘國北、麗江怒江流域一帶、分爲無數歹夷小國、其在宋初之政治狀況、亦頗難言、其年代略爲明確之紀事、惟始於十一世紀中、然其居地雖經緬人侵削、仍未大變、其紀年所載此時之事、與中國宋明載籍頗合、其狀況亦與現狀相類、則在十世紀末年、或亦然也。

其地山嶽起伏、交通不便、故難成一大國、散佈諸流域中之歹夷、分爲無數相對獨立的小國、其名曰孟 Muon、或名曰瞼 Xien、惟考其紀年、似在歷史之中分爲四種多少一致之團體、每團體以其最重要之孟爲名、曰 Muon Sen Se、曰 Muon Sen vi、曰 Muon Mao、曰 Muon Singu、其統治之土酋、相傳皆出於一祖名 Lu 者、此四大團體雖然獨立互相攻伐、然亦常聯合、而奉其中一王爲共主、聯合之國、則名憍賞彌國此言白華國、湄南江上流之丏夷則名之曰 Yaçamālā 國。Singu 國與驃國接界其統治之地則爲麓川江 Choueli 下流、今 Momeit 一帶、太平江下流、今 Bhamo 一帶、Nam Yan 流域、今 Monhyin, Mogaung 一帶、Me Khyoun 江流域、今 Wuntho 一帶、宋初其地且達今 Singu 之南數公里。註四七

註四七　此國抑其北部、即明史卷三一五之孟養、其與中國發生關係、時在一三八二年。

此國之北爲 Muon Mao 國、其國在今雲南省之西南端、大盈江 Nam Ti 流域有 Muon Ti 國、今名南甸、麓川江流域則爲 Muon Mao 本國所在、怒江亦其屬境、此國有時北隸南詔、有時南屬驃國、是爲中國通麗江之孔道、即元史之金齒、亦 Marco Polo 行紀中之 Zardandan、明史初名之曰麓川、後名之曰隴川。Sen Vi 國在怒江流域、即明史之木邦、北界金齒、南至 Sen Se、西北與西境接 Singu、東倚 Lava 野人所居之大山、由大盈江可建驃國、境內小國甚衆、以 Sen Vi

爲都城、緬人名此城曰 Thei-ni。

Sen Se 國在怒江流域、北抵木邦、南至 Karen 人種所居之峽口、並散佈於 Nam Pang 及 Nam Kha 二水一帶、其境北界木邦、西隔怒江外之大山、與驃國分界、南爲 Karen 人種居地、東接孟艮 Xien Ton、孟艮常爲其屬地、此國小邦甚夥、與木邦相同。

處此歹夷所名憍賞彌諸國之西、Chindouin 流域有一小國、名曰 Manīpura、歹夷則名之曰 Karasé、此國在歹夷攻取以前、其東隣似名之曰 Nāgasyanta 或 Nāgapura、其西北隣似名之曰 Moglan, Magli, Mekheli、伯希和在交廣印度兩道考中、考訂其爲賈耽道里之大秦婆羅門國、據考其國在八世紀時薰染印度文化已深、宋初此國之政治狀況無文可稽、惟據憍賞彌紀年及 Ahom 紀年、知此國在十三世紀上半葉中已爲金齒國所併。

此當時或爲獨立國的 Manīpura、與當時屬於 Rāmññadeça 國的 Rakhun (Arakan) 二國之西北、則爲迦摩縷波國 Kāmarūpa、即百年前大食商人蘇黎滿所著錄之 Lakṣmipura 國、此國與印度之關係、實較切於越南半島其與越南半島發生關係之時、惟始於歹夷侵略此國之年、歹夷自十三世紀上半葉中始據其地、茲僅言其在九六〇年時、亦爲一種深刻印度化之國家、其統治者爲 Pralambha 朝之君主、其都城爲 Hārupeçvar、應在雅魯藏布江 Brahmapoutra 上、Gauhati 之東、距 Tezpur 不遠。註四八

註四八　關於迦摩縷波之境界者、可參考一九二三年亞洲報 Journal Asiatique 七八九月合刊、Sylvain Lévi 撰文。

綜合考之、九六〇年越南半島之形勢大致如下。

中央瀾滄江湄南江二流域、北抵南詔、南至於海、有一大國、名曰眞臘 Kambujadeça、九世紀末年、Ya'kubi 已言其爲「一大國、其國王受其他諸國國王之朝貢」、註四九　其聲威之大、致使未臣眞臘諸國皆仿其文化、其東西二國、曰占城 Champa、曰猛國 Rāmaññadeça、壤地雖較褊小、然其富源文化與之相侔、眞臘之南、馬來半島之中、則有若干小國、或隸眞臘、或屬室利佛逝 çrivijaya、半島之西端、有摩尼補羅

Manipura、與迦摩縷波 Kāmarūpa 二國、其東端則有瞿越、此地前未久尚爲中國之交州、距離印度既遠、而與中國之交通亦難、所以尚處於一種半開化狀態之中、猛國之北則有驃 Pyu 國、此時驃國之歷史、吾人完全不知、至在麗江 Iraouaddy 怒江 Salouen 流域之中、則有歹夷所建之國甚夥、諸國歷史大致隸屬於其隣近之國。

諸國除猛國獨信小乘佛教外、其眞臘、占城、摩尼補羅、迦摩縷波、以及馬來半島諸小國、皆信婆羅門教、諸國所受印度文化甚深、所以諸大食旅行家將此諸國與中國分別言之、而以諸國附於印度、至若內地諸國、若驃國、歹夷諸國、瞿越國、在航海者視之、皆以其隸屬中國、蓋其文化單簡、而不受印度文化之影響也。

註四九 見 Ferrand 撰大食波斯突厥地誌行紀、所引「黑衣大食 Abassides 史鈔」。

占城、眞臘、與夫馬來半島諸小國。因其地位之關係、常與中國通交際、當時航行諸地之海舟、載重不過六百噸者、時常須要在諸地補充糧食甘水、自八七九年黃巢陷廣州以後、大食人遂不再赴中國、而停舟於羯茶 Kedah（時大食人名此地曰 Kilah、亦曰 Kalah）註五十 以其貨物轉載中國海舟、當時中國海舟大致發航於廣州、海行約十日抵占城、復沿占城眞臘海岸約十日而抵 Saint-Jacques、註五一 復由是航行十日而抵 Tioman 島、沿馬來半島海岸行、渡南端與蘇門答剌間之海峽、時室利佛逝國在蘇門答剌島中、復沿岸行、抵於羯茶、註五二 自廣州至是、海行約三四十日、此路海航不特有風波之險、且有海盜之警、當時之占城國與室利佛逝國沿海之人、幾以暴鈔爲業、航海者爲求保護、所以或求國王之干涉、或入貢於東方之大國、此越南半島印度化諸國當時無數入貢中國貢使之起源也。

註五十　應是賈耽道里中之箇羅。

註五一　此地疑爲大食人之 Kadarṅ、並爲賈耽道里中之軍突弄。

註五二　賈耽道里云、「海硤蕃人謂之質、南北百里、北岸則羅越國 Johore、南岸則佛逝國 Çrivijaya」、「佛逝西北隅之別島國人多鈔暴、乘船者畏憚之。」

關於越南半島的幾條中國史文

伯希和撰

從前伯希和研究越南半島的著作、有「交廣印度兩道考」同「扶南考」兩部名作、他是從這裏得名的、接着法國派他到新疆搜羅了大宗敦煌石室遺書、他最近二十多年專在這些遺書裏面用功夫、所以便把越南研究放下、一九二五年河內遠東法國學校刊行二十五年紀念刊「亞洲研究」凡與本校有關係的人、都有徵文、伯希和因此發表了這篇補充的研究、他從前的兩部書我已譯出所以又把這篇研究轉爲漢文

我從前在校刊裏面刊布的越南史地研究、算起來已有二十年了、這二十年裏頭、因爲考古知識的進步、又有克岱司 Coedès 君豐贍樸質的論文、同費瑯 Ferrand 君很細心的調查、供給了不少簇新解釋、其中有若干解釋、是不能不採用的、我一方面也搜集了不少新材料、也很希望將從前的研究整理整理、尤想將三世紀上半葉康

泰朱應使扶南（大致可當今日的南圻 Cochinchine 同柬埔寨 Cambodge）留下來的行紀殘文完全刋布可是這種工作超過我在本紀念刋裏面所擔任的範圍、所以我現在祇將幾種於印度化的越南歷史很有關係的幾條短篇史文發表。

一

二四五至二五〇年間康泰朱應就地所得的傳說、以爲扶南接受印度文化、是有一個名叫混塡 Kauṇḍinya 的人、得了神弓到扶南制勝女王柳葉一事而起的、可是從前引證的文字、都是記載這種傳說六七世紀時的正史、正史沒有指明他的出處、也沒有完全轉錄原文、這樣看起來、很有將康泰行紀的本文、像九八三年時太平御覽卷三四七的引文摘錄出來的必要、其實康泰行紀的本文早已散佚了、太平御覽好像是從一種不存於今的別一類書採出的、這部類書好像就是五七二年的修文殿御覽、這兩種御覽所採的、也不是全文、裏面的重要事蹟、大概已見六七世紀的史書、可是太平御覽所引的文字、比較正史也有不同的地方、註一 其文如下。

註一 宋時洪邁（一一二三至一二〇二）曾說太平御覽所引的書一千六百九十種、九八三年倘存、然從此年起到他生時、十之七八已不傳了、（可參照津逮秘書中容齋題跋、）一八一二年時、所元在重刊鮑氏本序裏面、尚持此說、可是都錯了、有好些明白的考據家、早已想到太平御覽所採的古籍文、都是轉抄的、並不是出於原書、現在已有證據了、我在敦煌運回的許多寫本、有一殘本、經羅振玉君在鳴沙石室遺書中刊布的、業已考訂是五七二年纂現已散佚的修文殿御覽殘本、拿這個殘本同太平御覽卷九一六對照、可見太平御覽所採的古籍文、類多出於此書、可是添了許多錯誤、此外太平御覽古籍文的來源、就是現在多數尚存的唐代類書、尤以藝文類聚爲夥。

「吳時外國傳（註二）曰、扶南之先、女人爲主、名柳葉、（註三）有摸趺（註四）國人字混愼（註五）好事神、（註六）一心不懈、神感至意、（註七）夜夢人賜神弓一張、敎載賈人舶入海、混愼晨入廟、於神樹下得弓、便載大船入海、神迴風令至扶南、柳葉欲刧取之、混愼舉神弓而射焉、貫船通渡、柳葉懼伏、混愼因王扶南。」

註二　這是康泰行紀的一個名稱、我在扶南考所引的、亦名外國傳、並參照一九二三年通報一二一至一二二頁。

註三　柳葉好像不是譯音、若說是譯意、柬埔寨沒有柳樹、何來柳葉、我久以爲柳葉恐是椰葉之譌、但是太平御覽所載的傳說、與正史同、皆作柳葉、設有錯誤、就應該上溯到四五世紀時、椰誤柳也有例可援、明朝的陳繼儒在「珍珠船」（寶顏堂秘笈本）裏面說、「訶陵國（馬來羣島裏一國）以柳花爲酒」這柳花酒必是已見唐人記載的椰子花酒、設若女王實名椰葉可以推想從前的扶南也有一個「椰樹部落」同古占城 Champa 是一樣了、（參照校刊卷五、一七〇至一七五頁 Huber 撰文、又三六八頁 Durand 撰文、與 G. Maspero 撰占婆 Champa 史。）

註四　此名後別有說。

註五　其他諸文、愼作塡、或滇、康泰原紀似作塡、這是 Kaundinya 的漢譯名、是無可疑的。

註六　漢文不分多數少數、此處事神必是婆羅門教之神、我已在扶南考中說過、可是看他的前後文好像是一神。

註七　此上二語、正史未載。

這段文字裏面、除開「神迴風令至扶南」一句新文外、最有關係的、就是混塡原籍的國名、晉書祇說他是「外國人」、南齊書說是「激國人」、梁書說是扶南南方「徼國有事神鬼者」、這激同徼兩字、必有一誤、可是沒有地方有這個激國或徼國、此外康泰在他的行紀裏面註八說混塡「初載賈人大船入海」的國名、叫烏文國、其原名好像是 Uman 或 Umun、然亦無考。

註八　見太平御覽卷七八七引康泰扶南土俗、這一條無論如何解釋、混塡奉神命入海的地方就是這個烏文國、文裏有「初載」二字、好像是把海行分作兩段、混塡過了 Kra 地峽、又轉載他舶、這一說可是不能主張、拿前錄文所說的「神迴風令至扶南」一句話對證、可見是一氣的海行、不是分段的海行、至若前人烏文即是 Oman 的考訂、我以爲是不對的、又若勞費 Laufer (Sino-Iranica, 485) 所主張的烏文木一說、也不能有所發明、（他所引的古今注一條、並見太平御覽卷九六一、勞費君以爲此條中的波斯、不是西亞的波斯、而是馬來羣島中的波斯、這一說我也不以爲然、我在一九二三年通報一九六至一九七頁、曾將我的意見略略說明、將來必有一天在一個更詳細的札記中再行討論。）

我上面所引的吳時外國傳那一條、則說混塡是摸趺國人、這個國名不見他書、必然有誤、可以拿康泰行紀別一文參證、除開從前所引名稱吳時外國傳或外國傳的康泰行紀外太平御覽又或者從別一類書中引了康泰所撰的「扶南土俗」許多條大半在卷七八七裏面有一條說、「橫趺國在優鈸之東南、城郭饒樂、不及優鈸也、」又在優鈸國下說、「優鈸國者、在天竺（印度）之東南、可五千里、國土熾盛、城郭珍玩謠俗與天竺同。」

我引這兩條、就是因為橫趺國與摸趺國字形相類、明是一國、然則那一個名稱是對的呢、此處必是譯名、毫無可疑、拿古來譯寫比較合式的字來說、好像原名是摸趺、康泰行紀裏面有一都份名稱、好像是本於印度化的字體、看這兩條所說謠俗與天竺同的話、可以往這一方面尋究、若把這摸趺優鈸兩名作一部份的還原、好像他的原名中有 Mahādel-（或 Mahādet-）同 Upal-（或 Upat-）的可能、然而無法補充、也無法知為何國、更感困難的、就是不知道從何方去尋這一國、蘇門答剌 Sumatra 同爪哇 Java 好像不成問題、因為這兩島應該是太平御覽裏面的諸薄國、而橫趺（摸趺）優鈸兩國又在別一類的國裏面、設若此處所說的天竺是指印度全部、則其東南五千里的優鈸國、應該在恆河以東、混塡出發的橫趺（摸趺）國、既在優鈸東南、似乎要在馬來半島東岸尋去、由是三世紀中葉的烏文國、也在那裏、但是未將康泰行紀的一切殘文同其他可以幫助考證的文字詳細審查以前，我不能說可將印度東岸完全撇開。

原名雖然不定，方位雖然不明，關係混塡的史文，我以爲有一實際關係，芬諸 Finot 君曾經說明混塡同柳葉的歷史表現一種極明瞭的故事性質，話雖如此說，然而二世紀時關於混塡原籍地方，仍不失有一種明確的傳說，神弓的故事，就算是民俗裏面的一點，然而往年必有一婆羅門到扶南，同印度文化輸入的時代，何以見得這個混塡不是此種印度化的一位要人呢，我覺得混塡原籍的國名，在兩三百年後還有人知道，是一件很自然的事情。」

二

我在校刊第四卷二七七至二七八頁中，曾同沙畹辯過，我以爲歌營或加營國的記載，是初見於三世紀時的，現在太平御覽卷三五九檢出一條康泰吳時外國傳，可以證明我這一說，這樣看起來這個國名三世紀時業已見於載籍，是可無疑的了，其文如下。

「加營國王好馬、月支賈人常以舶載馬到加營國、國王悉爲售之、若於路失羈絆、但將頭皮示王、王亦售其半價。」

月支便是 Indoscythes、從前康泰在扶南曾經會見送月支馬四匹於扶南王的印度使臣、註一 這件事是我們已經知道的、印度的「四衆」說、當時康泰已有所聞、知道月支馬衆、註二 看前文所說舶載馬的話、可見當時從印度西北到恆河以東、已有海上交通的航線因爲歌營或加營國必不在印度本部、否則月支馬可以從陸、而用不着載舶了。

註一　見梁書卷五四天竺傳。

註二　史記卷一二三索隱引康泰外國傳云、「外國稱天下有三衆、中國人衆、大秦寶衆、月氏馬衆。」

大舶發航的地方、無論是信度 Indus 河口、或是榜葛剌 Bengale 沿岸、必定在印度洋東邊有一個止航的地方、比較諸文、好像歌營或加營恐在馬來半島南部、這話說來太長、不能在此處討論、至若這個國名、當然令人想到唐時闍婆（蘇門答剌同爪哇）國的別名訶陵 Kalinga、註三 我現在還要附帶說明的、南洲異物志說國

在歌營東南三千里的斯調、不能把他當作錫蘭 Ceylan、要採費瑯 Ferrand 君的主張、在南海羣島中尋去。註四

註三 關於羯餕伽 Kaliṅga 這個名稱的考證可參考一九二三年亞洲報上册三四至三六頁、烈維 S. Lévi 撰文。

註四 參考校刊第四卷三五七頁、一九一二年通報四六三頁、又勞費 Laufer 在一九一五年通報二五一頁三七三頁、一九一六年通報三九〇頁的撰文、費瑯在一九一六年亞洲報下册五二一至五三二頁的撰文。（此文中將後漢書調便的便字作爲 varman 的對音、是不對的因爲在音聲方面絕對不能調合、 我仍舊以爲調字是梵文雅語 dvipa 的俗語diva寫法的譯音、然勞費同費瑯二君謂斯調是後漢書葉調的變體、一說在字音字形上皆無根據、至若奴調（鈞案見洛陽伽藍記）或者代表別一名稱、（好像是俗語的 Nodiva 雅語的 Navadvipa）。

三

我從前說過康泰在扶南記下來的那些名稱、好像多少有點印度化的氣味、我是在這一方面主張把歌營還原爲梵文並以爲葉調或奴調的調字是梵文 dvipa 俗語

寫法的對音、然而有一個構造相同別一名稱、我從前在交廣印度兩道考中引過、這個名稱就是水經注的迦那調洲、這個調字、也就是梵文的 dvīpa 、漢語常譯作洲、則此處調字下又加洲字、是一贅文、然這個名稱也有無贅文的譯法、正法念處經 Saddharmasmartyupasthānā 五三九年漢譯本卷七十、註一 列舉了一部份圍繞閻浮提 Jambudvīpa 的五百小洲、首先著錄金地洲、好像是說 Suvarṇabhūmi（此言金地）不在大陸上面、錫蘭島在此處則名楞伽 Laṅkā 洲、諸洲裏面也有個迦那洲、這個 Kanadvīpa 、必是水經注的那個迦那調洲無疑、此外我又在太平御覽卷七七一所引的康泰吳時外國傳裏面又檢出一條。

「從加那調州乘大舶船、張七帆、時風一月餘日、乃入大秦國也。」

根據一條孤證去討論他的方位、是一件很難的事情、而且文字必定多少有點脫誤、所以考證尤難、但是其他諸文證明康泰出使扶南的時候、訪聞亞洲南部同西部的不少事情、則他在此處說到通大秦質言之通地中海東部的路線、也不足奇、看他所說航行的時間之短、可見迦那調不在印度的東邊、但是要解決這件問題、須必要作

一種全部研究

註一　烈維君在一九一七年亞洲報上册五至一六二將此經卷六十七考釋、（鈞案此文業已轉爲漢文、題曰正法念處經閻浮提洲地誌勘校錄。）

四

關於上文所說的長途航行、我還有幾條不獨關係扶南的記載、可是我也檢出一條記述扶南國船舶的文字、這段文字見太平御覽卷七七一引的康泰吳時外國傳、註一

註一　鈞案伯希和所本的是鮑氏本、同積山書局石印本、現檢金澤文庫本有幾個字不同、將他註在旁邊、以資對照。

「扶南國伐木於船（舡）長者十二尋、註二廣六尺、頭尾似魚、皆以鐵（鑯）鑷露裝、大者載百人、人有長短橈及篙各一、從頭至尾、約（面）有五十人、（下多作）或四十餘二人、隨船（舡）大小、註三行（立）則用長橈、坐則用短橈、水淺乃用篙、皆撐（當）上應聲如一。」

註二　八尺爲一尋、長十二尋、應有九十六尺、吳時的尺、大概同漢尺一樣、長二十三公分、還未超過二十

五公分、（參照一九二〇至一九二一年通報一四〇至一四一頁）如此說來、扶南用橈的船、長度從二十二公尺到二十四公尺。

註三　合前後文看來、每船一百人、每一面四五十人用橈、按照二十二至二十四公尺長度的船、人數未免太多。

六世紀初年南齊書卷五十八扶南傳說、「爲船八九丈、廣裁六七尺、頭尾似魚、」這一段記載、明明也是出於康泰行紀、格洛里耶 Groslier 君僅僅根據這點記載、在他所撰的「柬埔寨人考」中、說明這類船就是刳獨木而成的船、他的構造裝飾同現代柬埔寨船的形式大致不差、現在我們又可知道在南齊書以前、質言之在三世紀上半葉裏面扶南船的形式也是這個樣兒。

五

前面所說的船舶、是專門用橈的船舶、格洛里耶君曾說過吉蔑 Khmèr（就是眞臘同柬埔寨）的船舶大致是用於內河的、可以說他不知道用帆用桅、然而諸岸的居民在瀾滄江 Mékong 口或暹羅灣中捕魚的或沿海的船、不能說他不知道用帆、我在引證幾條記載長途海行的大船而其船員好像不是吉蔑人的引文以前先引一條專說扶南海船的記載、這一條出於五世紀中葉劉敬叔撰的異苑、註一 這部書的信用雖然不大然而他說的這一條雖是得自傳聞、也有點可信的價值、其文如下。註二

「扶南國治生皆用黃金、僦船東西遠近雇一斤、時有不至所屆、欲減金數、舡主便作幻、誑使船底砥折、狀欲淪滯海中、進退不動、衆人惶怖還請、賽船合如初。」

註一 關於異苑這部書可參考四庫全書總目提要卷一四二、好幾種叢書裏面已將異苑收入全書十卷、這一條見卷九、我所本的是津逮祕書本。

註二 此文並見太平御覽卷七六九引、可是御覽船皆作舡、惶怖作驚怖、文後多一也字。

六

長途的航海大船、大致名舶、現存古籍文最先著錄這類海船的、要算南州異物志、這部書我從前說過、應該是三世紀時人萬震的著作、註一 異物志有兩條說這類的海船、一條見太平御覽卷六七九、一條見卷七七一。

「外域人名船曰船、註二 大者長二十餘丈、註三 高去水三二丈、望之如閣道、載六七百人、物出萬斛。」註四

「外徼人隨舟大小或作四帆、前後沓載之、有盧頭木 註五 葉如牖、形長丈餘、織以爲帆、其四帆不正前向、皆使邪移相聚、以取風吹、風後者激而相射、亦並得風力、若急則隨宜增減之、邪張相取風氣、而無高危之慮、故行不避迅風激波、所以能疾。」

註一　可檢校刊卷三二六七頁、又卷四二七七至二七八頁、一九二三年通報一二三頁。

註二　這兩個船字必有一誤、船是漢名、若是說外域人也名船、說法必然兩樣、好像是後一船字是舶之誤、可是這個舶字現在歐洲人還不知道他是不是發源於外國的、祇好說頭一個船字是舶字之誤、把這一句話改作「外域人以舶曰船」、船字雖然是一個純粹漢名、可以將他用作爪哇馬來船我們叫做 jonque 一字原文的譯寫方法、(可參考 Yule, Hobson-Jobson, p. 472、又一九一五年通報八七頁、)然而這一解釋也很可疑、(鈞案金澤文庫本兩船字皆作舡、我想不論第一字是船是舡、第二字必是舶、舡字明是中國的名稱、楊子方言說、「舟自關而東謂之舡、自關而西或謂之舟」、舶字應是外國名稱、廣韻雖然說是「海中大船」、集韻說「蠻夷汎海舟曰舶、」

服虔通俗文說「晉曰舶」可見舶是晉以後的海船名稱、是否譯音待考。）

註三　十尺爲一丈、每尺合二十三至二十五公分、二十丈的船、大約有四十六到五十公尺的長度。

註四　三世紀時的斛合一百升、每升大致可當一公升、則載萬斛的船、可當千噸、六五〇年頃玄應的一切經音義說（日本大藏爲字函六册二頁）海中大舶長二十丈、載六七百人、大約也是出於南州異物志。

註五　盧頭木一名不見他書、然可令人想到盧都子、不過這是一種 Elaeagnus、我想他的樹葉未必能「織以爲帆。」

七

從前這種大海船是波斯船、印度船、中國船、但是到了唐朝的時候、船員多是南海羣島的人、八一七年慧琳的一切經音義、有一條解說一切有部律的文字、可以作此解（見日本大藏爲字函九册一五頁）其文說、

「破船下音白、司馬彪註莊子云、海中大船曰舶、廣雅、舶海舟也、入水六十尺、註一 驅使運載千餘人除貨物、亦曰崑崙舶、註二 運動此船多骨論爲水匠、用椰子皮爲索連

縛、葛覽糖註三灌塞令水不入、不用釘鍱、恐鐵熱火生、纍木枋而作之、板薄恐破、長數里、註四前後三節、張帆使風、亦非人力能動也。」

註一　這裏文必有誤、不說六丈而說六十尺、與平常行文的口氣不對、就算是六十尺、豈不吃水十四五公尺嗎、未免不經、我想或者是說入水六七尺、然而這個數目祇能吃水一公尺半、對於這類的海船又未免太少了。

註二　這裏的崑崙、同後面的骨論、後別有說。

註三　紀元九百年頃嶺表錄異卷上、也說用桄榔樹葉鬚縛舶、不用釘線、又說用橄欖糖泥船損、乾後堅於膠漆、着水益乾、此處的葛覽糖、大約就是橄欖糖、橄欖是一種 canarium、至若糖就是一種 damar。

註四　里字誤、然而無法改正。

八

上文雖有好多不明白的地方、然而很可寶貴、因爲所說的大海船製造的方法、就是波斯灣所用的方法、不過是到八百年頃、船員多是南海羣島的人了、上文裏面所說的崑崙骨論、就是指南海羣島裏的人、崑崙一名所提出的問題、過於複雜、我不便在這裏討論、我從前在交廣印度兩道考中首先集了許多史料、費瑯君後在崑崙及古代南海航行考中又將這件問題重再提起、我對於他所提出的許多解釋、很有不少的話說、雖而離題未免太遠了、暫時我祗能說我在一九二三年通報中（二七一至二七二頁又二九〇頁）所撰的「六朝同唐時的幾個藝術家」一文裏面、搜集了若干史文、根據這些史文、崑崙的名字、自四世紀時開始、中國便把他當作黑臉人的稱呼、這些史文好像是從前沒有人提出過的、此外慧琳一切經音義卷八十一、有一段解釋義淨記傳的文字、現在我們也應該知道、其文說、

「崑崙語、註一上音昆、下音論、時俗語便亦作骨論、南海州島中夷人也、甚黑、裸形、能馴伏猛獸犀象等、註二種類數般、即有僧祇、註三突彌、註四骨堂、註五閤蔑、註六等、皆鄙賤人也、國無禮義、抄劫爲活、愛啖食人、如羅刹惡鬼之類也、言語不正、異於諸蕃、善入水竟日不死。」

註一　義淨所說的崑崙語、好像是爪哇語、然而續高僧傳卷二彥琮傳說、六〇五年平「林邑、（就是占

城）所獲佛經合五百六十四夾、一千三百五十餘部、並崑崙書」、這個崑崙書、必不盡是占城文字、中間必定羼雜有梵文、緣生論序（日本大藏藏字函第三册八三頁）說這一本論是六〇六至六〇七年間從林邑得來的梵本、這大概就是六〇五年的崑崙書一部。

註二　我在一九二三年通報所引的一文裏面有說馴獅子的崑崙。

註三　可參考交廣印度兩道考。

註四　突彌的對音好像是 Durmi、然而我似乎沒有看見過這個地名。

註五　骨堂與甘棠音相近、可參考交廣印度兩道考。

註六　閣蔑慧琳又在別一條中作閤蔑、皆是吉蔑 Khmèr 的同名異譯、我從前不敢承認閣蔑是吉蔑、因爲閣讀若 kák、不能同後一個字發聲相合、既然閣閤互用、而閤字讀若 kāp、則在考訂上不見得有何難題了。